acide ascarbigue

vitamine ?

Caroteil vitamine A

VITAMINEZ-VOUS LA VIE!

Le guide des vitamines pour vivre en pleine forme toute l'année

Lucille Dorsemy Lafade

Feb. 1991

Docteur Michel Coletti

VITAMINEZ-VOUS LA VIE!

Le guide des vitamines pour vivre en pleine forme toute l'année

DE VECCHI POCHE
20, rue de la Trémoille
75008 PARIS

Traduction de Henriette Cristofari

© 1987 Editions De Vecchi S.A. - Paris
Imprimé en Italie

Introduction

L'homme, pour se maintenir en vie, ne doit pas seulement se nourrir de protéines, de graisses, de carbohydrates et de sels minéraux; d'autres substances lui sont absolument nécessaires: les vitamines.

Les vitamines sont des substances qui assurent un développement sain et harmonieux de l'organisme, elles sont essentielles pour l'entretien des organes et des fonctions du corps, elles sont indispensables à la vie de l'homme et des animaux.

Leur découverte est assez récente et remonte au début de ce siècle. Ce ne sont ni des médicaments, ni des drogues, ni des pilules stimulantes. Ce sont des substances présentes en doses infinitésimales dans les végétaux et chez les animaux et par conséquent dans les aliments qui nous servent habituellement de nourriture.

Les vitamines sont synthétisées par les plantes et par divers micro-organismes, mais non point par l'homme qui les absorbe par conséquent à travers les végétaux et les animaux dont il se nourrit, animaux qui à leur tour se sont nourris de végétaux.

Elles agissent en très petites quantités; à part la vitamine C, l'unité de mesure employée pour les autres vitamines est le milligramme et souvent le microgramme (le millionième de gramme).

Elles sont fondamentales pour la vie de l'homme et des animaux car elles dirigent et règlent le métabolisme du corps. Le manque d'une seule vitamine peut dérégler le bon fonctionnement de tout l'organisme.

On connaît le besoin journalier de notre être en chaque vitamine, besoin qui peut être facilement couvert sans avoir à recourir directement aux vitamines, mais tout simplement grâce à une alimentation raisonnable, variée, complète et saine.

Aperçu historique

Les vertus curatives des vitamines étaient déjà connues à des époques très anciennes puisque certains papyrus égyptiens relatent l'usage de soigner l'"héméralopie" (trouble grave de la vue) par absorption de foie animal.

Même le grand Hippocrate, cet illustre médecin de l'Antiquité, suggérait de soigner cette maladie de façon analogue et nous savons aujourd'hui que celle-ci est justement due à une carence en vitamine A, vitamine qui est présente en grandes quantités dans le foie des animaux.

Au XVIIIe siècle déjà, on utilisait l'huile de foie de morue dans la prophylaxie et la thérapie du rachitisme. Cet extrait contient des quantités importantes de vitamines A et D et l'on peut même dire qu'il en est un concentré.

Au cours de ce même siècle, James Lind avait fait la démonstration scientifique du pouvoir curatif du jus de fruit dans la maladie du scorbut. Aujourd'hui, nous savons que le jus de fruit contient de la vitamine C qui est essentielle dans le traitement de cette maladie.

A cette époque, les vitamines étaient encore inconnues, mais elles avaient trouvé leur application spécifique grâce à l'heureuse intuition de certains savants.

De nombreuses années plus tard, on prouva scientifiquement que le béribéri, cette horrible maladie due à une carence en vitamine B_1, et qui frappait les populations d'Extrême-Orient qui se nourrissaient presque exclusivement de riz décortiqué, pouvait être combattue grâce à une alimentation riche en vitamine B_1. L'expérience fut conduite vers la fin du siècle dernier en additionnant de la viande, des légumes et des fruits au régime à base de riz décortiqué de la marine japonaise: le problème du béribéri qui était très important à cette époque fut pratiquement résolu. Peu de temps après (1890), le médecin hollandais, Christiaan Eijkman, parvint à des conclusions analogues sur les causes du développement du béribéri. Il confirma que cette maladie, dont souffraient divers prisonniers de l'île de Java, dépendait de leur alimentation qui était à base de riz décortiqué. Il réussit en outre à démontrer (1897) que les substances présentes dans la cuticule du grain de riz, et ôtées à la suite du décorticage, avaient un effet curatif sur le béribéri.

Pour démontrer sa théorie, il soumit un poulet à un régime à base de riz poli. A l'apparition de la symptomatologie typique du béribéri, il administra du son de riz à l'animal et obtint ainsi sa guérison complète. Eijkman soutenait que le son de riz contenait un principe capable de combattre l'action toxique d'une substance donnée qui se développe à partir des hydrates de carbone du riz. Un de ses élèves maintenait en revanche que le béribéri était dû au manque d'un élément nutritif présent dans le son du riz (1901).

Entre temps, un biochimiste suisse (Lunin) démontra que des souris, alimentées avec de la caséine (protéine), des graisses de lait (lipides), du sucre de canne (carbohydrates) et des sels minéraux, ne vivaient pas longtemps alors qu'il estimait à cette époque, tout au contraire, que ces produits alimentaires étaient nécessaires pour préserver la vie animale. Il réussit également à démontrer que l'adjonction de lait frais au régime normalisait la situation, et ceci lui permit de conclure que le lait frais devait contenir, outre les principes alimentaires déjà connus, des petites quantités d'autres substances indispensables à la vie.

Le même concept fut repris et développé par le physiologue hollandais Pekelharing qui affirma que les aliments naturels devaient contenir des petites quantités de substances indispensables aux fonctions vitales, étant donné que ces aliments naturels, ajoutés aux aliments fabriqués, maintenaient en vie des animaux alimentés artificiellement.

Ainsi Hopkins affirma en 1906 qu'aucun animal ne pouvait survivre avec un régime à base de protéines, de lipides, de carbohydrates et de sels minéraux, mais que pour vivre et bien se développer, il lui fallait également des "facteurs diététiques complémentaires" en petites quantités, ces derniers étant encore inconnus mais certainement semblables aux facteurs impliqués dans certaines maladies comme le scorbut et le rachitisme.

Finalement Funk (1912), reprenant les études sur le béribéri déjà entreprises par Eijkman, réussit à extraire du son du riz une substance qui se révéla particulièrement active dans le traitement de cette maladie, si elle était utilisée en petites quantités. Il s'agissait de ce que l'on appelle aujourd'hui la thiamine, ou vitamine B_1, pour laquelle Funk inventa le terme "vitamine" (amine de la vie), ainsi que nous le verrons par la suite. Il eut une brillante intuition en formulant l'hypothèse que le scorbut, le rachitisme et la pellagre, tout comme le béribéri, étaient des maladies dues à une carence en vitamines (avitaminose).

Par la suite, les recherches et les études sur les vitamines furent de plus en plus développées et conduisirent à la découverte de la vitamine A (1912), E (1922), D (1922), B_1 (1926), C (1928), K (1929), B_2 (1933), B_6 (1935), PP (1937), etc.

Nous devons préciser que les avis sont très partagés en ce qui concerne "la date de naissance" des vitamines et il faut tout d'abord voir ce que l'on entend par découverte. En général, par découverte d'une vitamine, nous entendons la découverte, à la suite d'études, de recherches, d'expériences, d'une substance contenue généralement dans les aliments, capable d'éliminer, à des doses infinitésimales (millième ou millionième de gramme), les troubles même très graves causés par une alimentation privée de cette substance-là. Selon ce critère, est-il vraiment juste de désigner l'année 1926 comme celle de la découverte de la vitamine B_1, lorsque Jansen et Donath – ainsi que nous le verrons par la suite – réussirent à extraire de la bale de riz une substance active contre la maladie du béribéri et la séparer ensuite par cristallisation? Ou bien ne serait-il pas plus juste d'indiquer l'année 1912, lorsque Funk obtint à partir de solutions de son de céréales et de levure un concentré à action antibéribérique? Il faut noter que ni les uns ni les autres ne savaient de quel produit il s'agissait, ni quelle était sa formule chimique. (Cette dernière fut déterminée en 1934 seulement). Ces savants avaient découvert le remède contre le béribéri, mais ils ne savaient pas en quoi il consistait. Enfin, une date importante dans l'histoire d'une vitamine est celle de sa préparation par synthèse chimique; celle-ci consiste à préparer un produit chimique en partant d'autres produits plus simples qui sont mis ensemble (synthétisés) ou traités de façon appropriée. La synthèse chimique de la vitamine B_1 fut obtenue en 1936. Voici pourquoi les divers auteurs ne sont souvent pas d'accord en ce qui concerne "la date de naissance" d'une vitamine.

Dans la description des diverses vitamines, nous essaierons de différencier les concepts:

— de découverte et séparation d'une vitamine;

— d'identification de la structure et de la composition chimique (formule chimique);

— de préparation par synthèse chimique.

Maintenant que nous avons présenté les données du problème, nous pouvons dire que la vitamine B_1 fut découverte en 1926, identifiée en 1934 et synthétisée en 1936.

La vitamine D fut identifiée en 1930; la A en 1931; la C en 1932.

La vitamine C fut synthétisée en 1933; la B_2 en 1935; la B_1 en 1936, la A en 1937; la B_6 en 1939 et ainsi de suite pour arriver aux vitamines d'après-guerre comme la B_{12} qui fut découverte en 1948.

Traits généraux
Caractéristiques - Propriétés

Que sont les vitamines?

Les vitamines sont des substances particulières, relativement simples, présentes en petites quantités dans les aliments et indispensables au déroulement normal des processus vitaux.

Les vitamines étant des substances organiques, elles ne contiennent pas d'éléments inorganiques, dont la présence, cependant, est indispensable à la vie, tout comme celle des vitamines.

Celles-ci, de même que toutes les substances organiques, sont des dérivés de carbone et sont pour la plupart constituées de carbone, d'hydrogène et d'oxygène; à part ces 3 éléments chimiques, elles contiennent aussi de l'azote et du soufre comme dans le cas de la vitamine B_1.

Elles ne peuvent être classées en un seul groupe car du point de vue chimique, elles constituent un groupe très hétérogène; elles peuvent être des alcools, des amines ou des acides. Par conséquent, le critère selon lequel on considère une substance donnée comme "vitamine" n'est pas chimique mais physiologique. On pourra donc dire qu'une substance "x" est une vitamine, non pas en vertu de sa composition chimique mais en vertu de son action et de l'effet physiologique qu'elle peut avoir.

Si l'effet salutaire des vitamines sur l'organisme est connu avec certitude, ce n'est pas le cas de leur mécanisme d'action. Il est certain que les vitamines se comportent comme des "catalyseurs", c'est-à-dire comme des produits qui intensifient le décours d'un processus, et sont en mesure d'accélérer énormément la vitesse d'une réaction chimique, en permettant ainsi la formation d'un phénomène, d'une réaction, qui ne se produiraient pas en d'autres circonstances, et tout cela, malgré le fait qu'elles soient présentes en toutes petites quantités. En outre, les catalyseurs ne prennent jamais directement part à la réaction chimique qu'ils provoquent ou accélèrent, mais se tiennent pour ainsi dire à l'écart. On pourrait dire que ce sont des agents provocateurs qui laissent les autres agir, participer activement au déroulement d'une opération et qui, lorsque "le coup est fait", se retirent rapidement sans se laisser impliquer, prêts à recommencer du début. Et bien, les vitamines qui sont couramment classées parmi les catalyseurs, plus précisément parmi les biocatalyseurs (catalyseurs vitaux), exercent justement cette fonction. En effet, elles réussissent à "convaincre" d'autres éléments de s'occuper de la construction, de l'entretien et du fonctionnement d'un organisme solide, sain, actif, tout en restant à l'écart, c'est-à-dire sans participer par leur présence à la constitution des matériaux qui composent notre corps (os, muscles, sang, nerfs, épiderme, etc.).

Ceci revient à dire que les vitamines ont une fonction catalysante et non pas une fonction plastique.

Ce que ne sont pas les vitamines

Si les vitamines n'ont pas une fonction plastique ni énergétique, nous pouvons donc dire que ce *ne sont pas des aliments.* Elles sont présentes dans les aliments, mais n'en sont pas. Elles ne produisent pas de calories, ni de nouvelles cellules, ni de sang, ni de graisses, etc. Nous ne pouvons pas nous alimenter uniquement de vitamines, car nous avons besoin d'un apport de protéines (viande, poisson, œuf, lait, fromage, etc.), de graisses (huiles végétales, beurre, lard, margarine, etc.), de carbohydrates (sucre, miel, pain, amylacés, fruits, etc.).

Classification et besoin en vitamines

Les vitamines sont classées en deux grandes catégories, selon leur caractère de solubilité:
— vitamines hydrosolubles (solubles dans l'eau);
— vitamines liposolubles (solubles dans les graisses).
Généralement, les vitamines sont représentées par une lettre de l'alphabet ou par un nom qui rappelle leur nature chimique, leur action curative ou leur fonction biologique. On distingue par conséquent:

Vitamines hydrosolubles·

Complexe vitaminique B
- B_1 ou thiamine
- B_2 ou riboflavine dite vitamine de la croissance
- B_6 ou pyridoxine
- B_{12}
- B_{13}
- PP ou nicotinamide ou acide nicotinique
- acide pantothénique
- H ou biotine
- inositol

Vitamines hydrosolubles:

Complexe vitaminique B	B_c ou acide folique C ou contre le scorbut ou acide ascorbique P ou citrique

Vitamines liposolubles:

A ou antixérophtalmique
D ou antirachitique
E ou antistérilité ou tocophérol
K ou antihémorragique

Il existe sûrement d'autres vitamines en plus de celles que nous venons de citer. Il existe même probablement des centaines de ces composés, dont un grand nombre n'a pas encore été découvert.

Les vitamines hydrosolubles s'accumulent moins dans les tissus que les vitamines liposolubles, car comme elles se dissolvent dans l'eau, elles sont en partie expulsées avec les urines.

En ce qui concerne le besoin en vitamines, il est pratiquement impossible de l'établir avec exactitude. Il varie sensiblement selon l'âge, la taille, le sexe, l'activité musculaire, les calories apportées par l'alimentation; il augmente durant la croissance, pendant les maladies et les états fébriles en général et en ce qui concerne les femmes, pendant la grossesse et l'allaitement.

Cependant, pour donner une idée du besoin journalier pour chaque vitamine chez un homme adulte normal pesant 70 kg, nous reportons les données relatives dans le tableau à la page suivante.

Vitamine	Besoin journalier	
B_1	1,5	mg
B_2	1,6	mg
B_6	2	mg
B_{12}	2	μg[1]
PP	18	mg
acide pantothénique	10/15	mg
H ou biotine	200	μg
acide folique	0,2	mg
C	60/80	mg
P	50	mg
A	5000	U.I.[2]
D	400/600	U.I.
E	3/15	mg
K	4	mg

[1] μg = microgramme = un millième de milligramme ou un millionième de gramme.
[2] U.I. = Unité Internationale.

Hypovitaminose et hypervitaminose

Le manque d'une ou de plusieurs vitamines dans l'organisme provoque l'avitaminose (manque de vitamines) et l'apparition des symptômes de carence relatifs. Dans nos conditions de vie actuelles, il est plutôt rare de voir s'instaurer de véritables avitaminoses qui puissent provoquer, par exemple, le béribéri ou le scorbut; il peut y avoir à la rigueur un état d'hypovitaminose (déficience en vitamines) dû à l'introduction insuffisante pendant un certain laps de temps d'une ou de plusieurs vitamines, à cause, par exemple, d'une alimentation erronée.

Cet état d'avitaminose peut dépendre également de déficiences conditionnées comme:

— l'augmentation de l'excrétion de vitamines avec les urines, la transpiration, etc.;
— l'augmentation du besoin en vitamines due au type de régime, à un travail excessif, à une altération hormonale, à la grossesse, à l'allaitement, etc.;
— la destruction de la vitamine par des bactéries présentes dans l'appareil gastro-entérique;
— une absorption intestinale altérée.

Si la déficience en vitamines peut provoquer des troubles divers, l'excès de vitamines (hypervitaminose) peut également provoquer de sérieux inconvénients.

Généralement, les hypervitaminoses concernent seulement les vitamines liposolubles qui ont tendance à s'accumuler dans les graisses, tandis que les vitamines hydrosolubles éventuellement excédentes peuvent être facilement éliminées avec les urines.

Cumuls dans l'organisme

Les vitamines ont tendance à s'accumuler dans les divers organes et en particulier dans le foie et dans de nombreuses glandes endocrines. Ceci est très important puisqu'ainsi les vitamines constituent des centres de réserve qui peuvent servir en cas de nécessité, permettant ainsi à l'organisme de supporter plus ou moins longtemps leur manque, sans accuser de troubles immédiats. Par exemple, la vitamine D qui s'accumule dans le foie peut couvrir le besoin d'une personne qui ne l'assume pas pendant une période de trois mois environ, et une réserve analogue de vitamine A peut suffire pendant six mois. Ceci concerne uniquement les vitamines liposolubles comme justement la A et la D, car les vitamines hydrosolubles, par contre, ne sont pas en mesure de constituer des réserves valables pour une durée aussi longue. Par exemple, pour les vitamines du groupe B, les symptômes cliniques de carence peuvent se manifester au bout de quelques jours; de même l'absence de vitamine C (autre vitamine hydrosoluble) peut provoquer des symptômes après quelques semaines.

Explication de la dénomination "vitamine"

Dans le chapitre concernant les notes historiques, nous avons vu qu'en 1912, un chercheur, Funk, réussit à extraire du son du riz une substance (la vitamine B_1) particulièrement efficace dans le traitement du béribéri. Etant donné que cette substance contenait une fonction aminique dans sa molécule (groupe chimique —NH_2) et constituait un apport vital pour les malades du béribéri, Funk décida de l'appeler "vitamine" c'est-à-dire amine de la vie. C'est ainsi que fut créé le terme "Vitamine".

Vitamines solubles dans l'eau

VITAMINE B$_1$ (ou thiamine ou neurine)

HISTOIRE

Ainsi que nous l'avons remarqué précédemment, cette grave maladie, appelée béribéri et qui frappait surtout les populations de l'Extrême-Orient, était déjà connue dès l'Antiquité. Mais ce n'est qu'à une époque relativement récente que l'on établit un lien entre cette maladie et le déficit d'un facteur nutritif essentiel. Le facteur antibéribérique fut l'objet de nombreuses recherches et études qui aboutirent à la fin à la découverte de la vitamine B$_1$ et qui ouvrirent la voie à l'étude et à la découverte de toutes les autres vitamines.

On peut dire que cette découverte en tant qu'effet biologique remonte à 1897, lorsque Eijkman s'aperçut qu'en administrant du son de céréales ou de la bale de riz à des poulets frappés de polynévrite à la suite d'une alimentation basée exclusivement sur du riz décortiqué, il obtenait en peu de temps leur guérison.

En 1912, Funk, poursuivant ses recherches en vue de la découverte d'une substance capable de vaincre le béribéri, réussit à obtenir, à partir du son des céréales et de la levure, un concentré très actif efficace contre le béribéri.

Plus tard, en 1926, Jansen et Donath réussirent à extraire de la bale de riz des solutions concentrées de la même substance active et à la séparer par cristallisation. Ils avaient réussi à obtenir la vitamine B_1.

Ce n'est qu'en 1936 que Williams et Cline réussirent à obtenir la vitamine B_1 par synthèse chimique. A partir de cette date, on put disposer de vitamine B_1 "artificielle", c'est-à-dire d'une vitamine produite par synthèse chimique et non plus extraite de matériaux qui la contenaient déjà.

CARACTÉRISTIQUES

La vitamine B_1 est une poudre cristalline blanche soluble dans l'eau (hydrosoluble). Elle ne varie pas à la lumière ni dans un milieu acide et elle est en partie stable à la cuisson, à condition qu'elle ne se produise pas dans un milieu alcalin. Elle est assez résistante aux méthodes courantes de conservation des aliments. Par contre, elle ne résiste pas aux températures élevées dans un milieu alcalin (il faut éviter de la traiter sous pression à une température supérieure à 110 °C) ni aux oxydants (il vaut mieux la préserver du contact de l'air en utilisant des techniques sous vide).

ORIGINE

La vitamine B_1 est très répandue dans la nature. Elle se trouve en particulier dans le germe et dans la cuticule des céréales (bale de riz, son, etc.) et elle est abondante dans la levure. On la trouve également dans les parties vertes des végétaux, dans les fruits (les noix en particulier) et dans les légumes. Parmi les aliments d'origine animale, on la trouve dans le lait, dans le fromage, dans le jaune d'œuf, dans le foie, dans le rein, dans la viande, surtout la viande de porc.

Attention cependant! Cette vitamine est présente seulement dans les céréales entières et non pas dans les céréales traitées comme le riz décortiqué, c'est-à-dire le riz privé de son enveloppe, ou comme la farine, obtenue à la suite de la mouture du blé et de la séparation successive du son par blutage de manière à obtenir une farine plus propre et plus blanche, mais pauvre en vitamine B_1.

Besoin

Nous avons déjà dit qu'il n'est pas possible de fixer une valeur absolue en ce qui concerne le besoin de l'homme en vitamine B_1, car cette valeur dépend de nombreux facteurs: poids, âge, quantité de l'alimentation et en particulier quantité des carbohydrates, activité musculaire, etc. Cependant, nous pouvons dire à titre indicatif que le besoin journalier en vitamine B_1 pour un homme adulte est en moyenne de 1,5 mg. Mieux encore, il faut dire que le besoin est de 0,5 mg pour 1000 calories introduites dans l'alimentation journalière. Donc, en considérant une alimentation journalière équivalente à 3000 calories, on a donc un besoin journalier de 1,5 mg de vitamine B_1.

$$\left(\frac{0,5 \times 3000}{1000} = 1,5 \right).$$

Le besoin journalier peut être également exprimé en U.I. (Unités Internationales), une U.I. étant égale à 3 µg (microgramme = millionième de gramme). Dans ce cas, on dit que le besoin journalier est d'environ 400 U.I. qui correspondent à 1,2 mg de vitamine B_1 ($400 \times 0,003$ mg =

1,2 mg). La femme, durant les derniers mois de la grossesse et pendant la période d'allaitement, doit augmenter son besoin journalier de 0,3 mg.

En consultant les deux exemples de régimes journaliers reportés à la fin du chapitre, on pourra déduire les valeurs relatives à la quantité de vitamine B_1 absorbée chaque jour avec ces régimes et les comparer avec le besoin journalier correspondant.

FONCTION

La vitamine B_1 agit comme un catalyseur biologique ou comme un coenzyme. En qualité de coenzyme, elle participe aux réactions qui fournissent l'énergie nécessaire au fonctionnement de l'organisme et la chaleur nécessaire au corps pour maintenir une température constante. La vitamine B_1 participe à la synthèse des graisses et au métabolisme des carbohydrates et des protéines.

SYMPTÔMES DE CARENCE

Pour connaître les effets de l'hypovitaminose B_1 (déficit en vitamine B_1 dans l'organisme), on effectua au cours des années 40 des expériences intéressantes sur des volontaires qui furent alimentés pendant un certain temps avec un régime comprenant des amides, des sucres, des graisses, des protéines, des sels minéraux et des vitamines, à l'exclusion de la vitamine B_1. Au bout de deux semaines à peine apparurent les premiers symptômes qui se traduisaient par une sensation de fatigue et une perte de l'appétit.

Au bout du deuxième mois apparurent des troubles plus importants: nausée, inappétence, apathie, tension basse, faiblesse générale, diminution de l'activité.

Au bout du troisième mois, on observa des symptômes encore plus graves: vertiges, vomissements, diminution des réflexes, diminution importante de la capacité de travailler, troubles mentaux, flacidité musculaire, difficultés respiratoires, dépression générale.

Au bout du quatrième mois, le tableau était plutôt préoccupant et se traduisait par de sérieux troubles de l'appareil digestif, du cœur, du métabolisme hydrique, du système nerveux. Les patients accusaient: une inappétence absolue, de la nausée, des vomissements, de l'apathie, de la confusion mentale, le ralentissement des battements cardiaques, des mouvements lents et faibles, l'absence de réflexes, la paralysie du quadriceps.

Arrivé à ce stade, on ajouta de la vitamine B_1 au régime administré aux patients. Les symptômes disparurent presque aussitôt et en peu de temps les patients récupérèrent leurs forces, leur bien-être et leur état mental habituels.

Si les symptômes dus à l'hypovitaminose peuvent sembler aussi graves, ceux provoqués par l'avitaminose B_1 (manque et non pas déficit en vitamine B_1) sont encore pires et provoquent finalement une maladie très grave: le béribéri. L'apparition de cette maladie est insidieuse: on observe au début une diminution de la sensibilité aux jambes et aux pieds, sensation de pesanteur accompagnée de rigidité et de douleur musculaires. Petit à petit s'instaurent des phénomènes de paralysie qui causent l'atrophie des muscles: les pieds et les poignets deviennent flasques, on observe une perte des réflexes du genou et de la cheville. A ce stade, la marche devient difficile, le patient se déplace par petits pas en écartant les jambes ou bien il arrive seulement à se traîner en s'aidant de ses béquilles.

Les phénomènes paralytiques s'étendent ensuite aux membres supérieurs et enfin au tronc. Ces symptômes qui sont les plus importants et les plus caractéristiques du béribéri affectent surtout le système nerveux, mais ils sont aussi accompagnés de troubles cardiocirculatoires graves, comme les palpitations, le sentiment d'angoisse, la tachicardie, l'anxiété, les difficultés respiratoires, la présence d'œdèmes. L'insuffisance cardiaque peut être mortelle; la mort peut survenir à l'improviste, à la suite d'un effort ou au repos. Pendant toute la maladie, on observe une perte de poids due également à un état profond d'anorexie (inappétence), à la nausée, au vomissement et à la diarrhée.

Heureusement, le béribéri est peu répandu, il est maintenant rare en Extrême-Orient et pratiquement inconnu en Occident, où on peut observer à la rigueur des cas d'hypovitaminose. Cette carence entraîne des troubles de l'appareil digestif, du système nerveux et cardiocirculatoires, pouvant frapper les femmes enceintes et les alcooliques. Il existe en effet une polynévrite de grossesse et une névrite alcoolique.

La première peut frapper les femmes qui, au cours de leur grossesse, n'ont pas suffisamment intégré de réserves de vitamines B_1, car ces réserves ont été en partie consommées pour le développement du fœtus.

Par conséquent, la femme en période de grossesse doit se suralimenter en vitamine B_1, de façon à éviter le danger d'une polynévrite.

La névrite alcoolique frappe les alcooliques dans la mesure où il semble que l'alcool "consomme" la vitamine B_1, ou en tout cas, détermine un besoin de cette vitamine supérieur à la normale.

D'autre part, le véritable alcoolique ne s'alimente pas comme un homme normal, mais a tendance à s'alimenter presque exclusivement de boissons alcooliques qui fournissent une source très riche en calories, en dédaignant les aliments normaux.

En d'autres mots, il préfère boire plutôt que manger. En mangeant peu ou pratiquement pas, l'alcoolique n'introduit rien dans son organisme, même pas les vitamines. Et étant donné que les boissons alcooliques n'en contiennent pas, il finit par se trouver dans un état d'hypovitaminose et même d'avitaminose B_1.

Il existe enfin un béribéri infantile qui frappe les enfants nés ou allaités au sein de mères béribériques. Le béribéri infantile qui se manifeste par des troubles de l'appareil digestif suivis par l'apparition d'œdèmes et de graves altérations cardio-vasculaires et enfin, par une rigidité de la nuque, des convulsions et le coma, a un décours aigu dont l'issue est souvent mortelle.

Dans le tableau ci-dessous, nous résumons les maladies qui caractérisent les états d'hypovitaminose et d'avitaminose B_1.

Maladies dues à une carence en vitamine B_1 dans l'organisme

— Béribéri
— Polynévrite de grossesse
— Névrite alcoolique
— Béribéri infantile

TRAITEMENT

La meilleure thérapie préventive est l'usage d'un régime équilibré et varié (voir tableau 1).

Pour de légères carences en vitamine B_1, il faut administrer cette vitamine par voie orale à raison de 3/5 mg, 2 ou 3 fois par jour.

Pour des carences graves, on administrera la vitamine B_1

par voie intraveineuse, à raison de 10 ou 20 mg, 2 ou 3 fois par jour.

RISQUES ET TOXICITÉ

L'absorption de doses même massives de vitamine B_1 ne comporte pratiquement aucun risque ni danger pour l'homme.

TABLEAU I

CONTENU EN VITAMINE B_1 DES ALIMENTS LES PLUS COURANTS POUR 100 G DE PRODUIT LOURD	
Aliments	Vitamine B_1 présente dans 100 g d'aliments
* riz	0,16 mg
* pâtes alimentaires	0,13 mg
pain blanc	0,05 mg
* pain complet	jusqu'à 0,30 mg
* semoule	0,13 mg
* farine de maïs	0,35 mg
biscuits	0,06 mg
* viande de porc grasse	0,32 mg
** viande de porc maigre	0,47 mg
** jambon cru	0,51 mg
* petit salé	0,33 mg
** foie de porc	0,40 mg
* foie de bœuf	0,26 mg
* Aliments ayant un contenu élevé en vitamine B_1. ** Aliments ayant un contenu très élevé en vitamine B_1.	

Aliments	Vitamine B_1 présente dans 100 g d'aliments
* veau maigre	0,14 mg
bœuf maigre	0,07 mg
agneau	0,09 mg
poulet	0,07 mg
* jaune d'œuf	0,25 mg
épinards	0,09 mg
pommes de terre	0,09 mg
choux-fleurs	0,08 mg
brocolis	0,07 mg
artichauts	0,06 mg
endives	0,05 mg
courgettes	0,05 mg
chou frisé	0,05 mg
carottes	0,05 mg
chicorée	0,04 mg
aubergines	0,04 mg
thon	0,07 mg
friture de petits poissons	0,08 mg
sardines	0,05 mg
chien de mer en tranches	0,05 mg
muge	0,05 mg
tomates	0,04 mg
* petits pois frais	0,17 mg
* haricots frais	0,11 mg
** petits pois secs	0,72 mg
** haricots secs	0,54 mg
** lentilles sèches	0,50 mg
lait	0,04 mg

* Aliments ayant un contenu élevé en vitamine B_1.
** Aliments ayant un contenu très élevé en vitamine B_1.

Aliments	Vitamine B₁ présente dans 100 g d'aliments
fromage blanc	0,04 mg
oranges	0,06 mg
mandarines	0,06 mg
citrons	0,03 mg
pommes	0,035 mg
poires	0,016 mg
bananes	0,04 mg
abricots	0,035 mg
cerises	0,045 mg
prunes	0,055 mg
* noix	0,17 mg
* amandes	0,10 mg
dattes	0,08 mg
melons	0,03 mg
figues	0,05 mg
confiture	0,03 mg

* Aliments ayant un contenu élevé en vitamine B_1.
** Aliments ayant un contenu très élevé en vitamine B_1.

Nous n'avons pas cité les aliments ayant un faible contenu en vitamine B_1.
L'huile végétale, le beurre, le saindoux, le sucre, le vin, la bière ne contiennent pas cette vitamine.

Régimes journaliers avec un contenu élevé en vitamine B_1

Ier EXEMPLE

	Aliments	Quantité en g	Vitamine B_1 contenue exprimée en mg
petit déjeuner	lait	200	0,08
	café		non
	pain complet (2 tranches)	100	0,30
	beurre	10	non
	confiture	20	0,06
			0,44
déjeuner	pâtes	100	0,13
	rôti de porc	150	0,70
	pommes de terre au four	200	0,18
	oranges/mandarines	200	0,12
	noix	50	0,08
	pain blanc	100	0,05
			1,26
dîner	riz bouilli	70	0,10
	foie de porc	150	0,60
	épinards	100	0,09
	chou-fleur en salade	100	0,08
	prunes	100	0,05
	figues	100	0,05
	pain blanc	100	0,05
			1,02

Besoin journalier = 1,5 mg. Total de vitamine B_1 absorbée avec le régime journalier = 2,72 mg.

	Aliments	Quantité en g	Vitamine B_1 contenue exprimée en mg
petit déjeuner	deux œufs sur le plat	90	0,09
	avec du petit salé	25	0,95
	jus de 2 oranges	300	0,18
			1,22
déjeuner	jambon	50	0,25
	melon	300	0,09
	escalope de veau	150	0,20
	petits pois	70	0,50
	abricots	100	0,03
	cerises	100	0,04
	pain blanc	100	0,05
			1,16
dîner	crème de semoule	50	0,06
	blancs de poulet	100	0,07
	chicorée	100	0,04
	tomates	100	0,04
	pommes	200	0,07
	pain blanc	100	0,05
			0,33

Besoin journalier = 1,5 mg. Total de vitamine B_1 absorbée avec le régime journalier = 2,71 mg

Dans les deux exemples de régimes journaliers indiqués, nous avons au total une quantité de vitamine B_1 de 80% supérieure au besoin moyen (2,7 mg environ contre 1,5 mg de besoin). L'objectif d'obtenir une alimentation riche en vitamine B_1 peut être facilement atteint avec les aliments reportés dans le tableau 1 et qui sont justement les aliments les plus riches en vitamine B_1. Mais il n'est pas dit que ceux qui désirent absorber une quantité supérieure au besoin normal soient obligés de suivre uniquement les deux exemples de régimes journaliers que nous venons de suggérer. Au contraire, il vaut mieux que le régime soit varié afin d'absorber également d'autres vitamines.

Chacun est donc libre d'étudier le régime qu'il préfère en choisissant dans le tableau 1 les aliments qu'il apprécie le plus. Puis, en se basant sur ce tableau et en effectuant de simples calculs, il faudra vérifier si le régime préparé comporte un contenu en vitamine B_1 supérieur ou inférieur au besoin journalier.

Cette opération semblera tout d'abord compliquée, mais une fois que vous y serez habitués, vous la ferez machinalement.

CURIOSITÉS

Nous avons déjà dit que les alcooliques sont frappés tôt ou tard de névrite alcoolique car l'alcool "consomme" la vitamine B_1. Ainsi aux U.S.A., pays où les alcooliques sont comme on le sait très nombreux, on avait pensé à enrichir le vin, la bière, le whisky, et les alcools forts en général, avec de la vitamine B_1. Finalement rien ne fut entrepris dans ce sens étant donné que cela pouvait encourager les alcooliques à boire encore plus. Il en est de même pour la réclame faite à un certain filtre pour cigarettes. "Grâce à notre filtre, les dommages causés par la cigarette sont réduits de moitié" disait la publicité. Mais certains pensèrent: "Tant mieux! Comme cela, au lieu de 20 cigarettes par jour, je pourrai en fumer 40!".

Nous avons vu que la vitamine B_1 se trouve en particulier dans le germe et dans la cuticule des céréales. Par conséquent, ceux qui se nourrissent (ou sont obligés de se nourrir) en majeure partie de riz, de pâtes et de pain, ont tout intérêt à préférer le riz non décortiqué, les pâtes et le pain, préparés avec de la farine complète, c'est-à-dire de la farine de blé contenant du son. Où peut-on s'en procurer? Certains magasins fournissent des produits complets mais le terme "complet" fait aussitôt monter les prix en flèche (alors qu'au contraire, ils devraient coûter moins que les autres), alors, nous préférons manger du pain et des pâtes à base de farine blanche et avaler à part quelques cuillères de son, acheté en pharmacie ou chez l'herboriste.

Dans d'autres pays, comme par exemple les Etats-Unis, la farine blanche de blé et le pain sont enrichis avec de la vitamine B_1, et aux Philippines, l'enrichissement du riz décortiqué avec de la vitamine B_1 a connu un grand succès lors de la lutte contre le béribéri.

VITAMINE B_2 (ou riboflavine)

HISTOIRE

Les études qui conduisirent à la découverte de la vitamine B_2 ne partirent pas du domaine de la nutrition, mais de celui des enzymes avec la découverte des fameux "ferments jaunes". En 1920 déjà, divers savants avaient établi que les substances non encore identifiées qui régissaient la croissance étaient au nombre de deux: une "A" soluble dans les graisses et une "B" soluble dans l'eau. Plus tard (1932), un groupe de savants réussit à démontrer qu'un certain pigment de couleur jaune vert pouvait avoir de telles propriétés. L'année suivante, Kuhn extraya à partir de concentrés de vitamine B un pigment de couleur jaune vert tout à fait semblable au précédent et L.E. Booher obtint à partir du sérum du lait (riche en vitamine B) un pigment jaune favorisant la croissance. Il nota également que plus la couleur du pigment était intense, plus son activité augmentait. On réussit ainsi à établir une identité entre ces pigments jaunes et le facteur de croissance de la vitamine B: ce facteur fut appelé vitamine B_2.

Cette vitamine qui a été également isolée dans la rétine, dans le foie, dans le rein, dans le malt, fut cataloguée du point de vue chimique comme appartenant au groupe des "flavines" (du latin *flavus* = jaune) d'où sa dénomination riboflavine. En 1935, elle fut produite synthétiquement par Karrer.

CARACTÉRISTIQUES

La vitamine B_2 est caractérisée par une fluorescence jaune vert marquée, lorsqu'elle se trouve dans une solution aqueuse légèrement acide. La fluorescence est la propriété d'émettre une lumière de couleur différente de la couleur d'incidence, c'est-à-dire de celle qui frappe la substance fluorescente. La vitamine B_2 qui se trouve également dans la rétine aurait la propriété de transformer des rayons à petite longueur d'onde (invisibles pour l'homme) en rayons ayant une longueur d'onde plus grande, visibles par l'homme.

La vitamine B_2 résiste bien à l'action de la chaleur et est stable dans un milieu acide, mais par contre, elle ne résiste pas aux alcalins.

La vitamine B_2 est largement répandue, aussi bien dans les végétaux que dans les animaux. Il suffit de penser qu'on la trouve dans toutes ou dans presque toutes les feuilles vertes, à raison d'une molécule de flavine pour 2000 molécules de chlorophylle. En effet, les végétaux sont capables de synthétiser la vitamine B_2. Les aliments qui en contiennent le plus sont les légumes, les céréales, les salades, les fruits. On la trouve dans la viande de bœuf et de porc, surtout dans le rein, le foie et le cœur; le lait et ses dérivés de même que les œufs en contiennent. Enfin, elle est synthétisée par la flore bactérienne intestinale, mais cette production, chez l'homme, ne couvre pas ses besoins.

La vitamine B_2 présente dans les aliments peut être endommagée par la lumière. Par conséquent, les aliments devront être protégés de la lumière, en particulier durant la cuisson, en évitant d'utiliser des récipients transparents et en les couvrant. Le lait en particulier doit être conservé à l'abri de la lumière.

BESOIN

Le besoin moyen journalier en vitamine B_2 est de 0,6 mg pour 1000 calories consommées, ce qui donne une quantité de 1,6 mg/jour pour l'homme et de 1,2 mg pour la femme. Cette quantité doit être portée à 1,7 mg pour la femme enceinte et à 2 mg pendant l'allaitement.

FONCTION

La vitamine B_2 entre dans la constitution de divers enzymes qui se comportent comme des catalyseurs par rapport aux réactions d'hydrogénation. Ces enzymes prennent part aux processus de la respiration des cellules et jouent un rôle dans la métabolisation des carbohydrates, des protéines et des graisses pour fabriquer de l'énergie.

En outre, la vitamine B_2 semble liée au mécanisme de stimulation du nerf optique. D'autre part, les contenus élevés de vitamine B_2 libre, présents dans la rétine, laissent supposer qu'elle agit directement dans le processus de la vision. Il semble également que cette vitamine, qui en solution présente nettement le phénomène de la fluorescence (elle transforme par exemple la lumière ultraviolette en lumière jaune verte à laquelle la rétine est plus sensible), offre à l'œil une certaine protection contre l'action nocive de la lumière à petite longueur d'onde, comme c'est le cas pour les rayons ultraviolets.

SYMPTÔMES DE CARENCE

Il faut dire, d'abord, que l'avitaminose B_2 n'engendre pas de maladies aussi graves que celles qui dérivent de l'avitaminose B_1. En outre, il est bien difficile qu'un homme soit affligé d'une véritable avitaminose B_2 car, ainsi que nous l'avons déjà dit, la flore bactérienne intestinale est en mesure de synthétiser cette vitamine, même si ce n'est qu'en quantité limitée. Cependant, un état d'hypovitaminose B_2 peut s'instaurer pour une des raisons suivantes:

1. Absorption alimentaire de vitamine B_2 insuffisante.
2. Absorption insuffisante de la vitamine introduite à cause de diverses maladies intestinales.
3. Augmentation de l'élimination de vitamine à la suite de dysfonctions organiques (par exemple maladie de Basedow).

La symptomatologie générale de l'hypovitaminose B_2 est peu claire et atypique car elle présente des troubles digestifs, de l'asthénie, de l'irritabilité, de la dépression, de la céphalée, c'est-à-dire des troubles communs aux autres formes d'avitaminose. Mais outre ces troubles de caractère général, dans les cas graves de carence en vitamine B_2, on peut observer:

— des inflammations de la langue (glossite);
— des lésions des lèvres (chéilite);
— des altérations cutanées (dermatite séborrhéique);
—. des lésions oculaires.

La glossite, en particulier, comporte un développement exagéré des capillaires de la langue qui devient lisse et brillante à la suite de l'atrophie des papilles qui présentent une couleur rouge caractéristique. De ce fait, la sensibilité du goût est altérée et l'on ressent un certain malaise et des brûleurs au contact des aliments chauds ou irritants comme le sel, l'alcool, etc.

Avec la chéilite, les lèvres rougissent et se craquellent en formant des fissures verticales caractéristiques, tandis que dans les coins de la bouche et dans les zones cutanées tout autour, on observe la formation de rhagades et d'excroissances. Les altérations cutanées se manifestent par des excroissances séborrhéiques sur le nez, les joues, le menton, le front et dans certains cas, sur d'autres zones cutanées.

Les lésions oculaires provoquent tout d'abord une fatigue visuelle avec des brûlures aux yeux qui pleurent et qui ne supportent pas la lumière intense. Par la suite, les vaisseaux sanguins de la conjonctive rougissent violemment et la prolifération des vaisseaux tend à se développer jusqu'à la cornée (vascularisation de la cornée). Dans certains cas, on peut observer une opacité du cristallin.

En général, l'administration de vitamine B_2 fait diminuer ces lésions oculaires.

Maladies dues à une carence en vitamine B_2

— Glossite (inflammation de la langue)
— Chéilite (altération des lèvres)
— Dermatite séborrhéique desquamative
  (altérations cutanées)
— Vascularisation de la cornée (lésions oculaires)
— Dermatose scrotale et vulvaire

TRAITEMENT

La thérapie de la carence en vitamine B_2 prévoit l'administration de 10 à 60 mg de cette vitamine par voie orale et c'est encore mieux si elle est associée à d'autres vitamines du même groupe B.
Pour la prophylaxie, 3 mg par jour de vitamine B_2 suffisent.

RISQUES ET TOXICITÉ

Des doses même massives de vitamine B_2 ne comportent aucun danger, aucun risque de toxicité pour l'homme.

TABLEAU II

CONTENU EN VITAMINE B_2 DES ALIMENTS LES PLUS COURANTS POUR 100 G DE PRODUIT LOURD	
Aliments	Vitamine B_2 présente dans 100 g d'aliments
riz	0,04 mg
farine de maïs	0,09 mg
semoule	0,04 mg
pain	0,06 mg
* pain complet	0,13 mg
* pâtes	0,10 mg
biscuits	0,05 mg
* haricots secs	0,18 mg
* petits pois secs	0,15 mg
haricots frais	0,06 mg
* petits pois frais	0,10 mg
* brocolis	0,15 mg
choux-fleurs	0,08 mg
chicorée	0,07 mg
* champignons frais	0,40 mg
* épinards	0,18 mg
abricots	0,05 mg
cerises	0,05 mg
fraises	0,05 mg
pêches	0,04 mg
* amandes	0,26 mg
* prunes sèches	0,14 mg

* Aliments ayant un contenu moyen ou élevé en vitamine B_2.
** Aliments ayant un contenu très élevé en vitamine
   B_2.

Aliments	Vitamine B_2 présente dans 100 g d'aliments
* viande de bœuf maigre	0,17 mg
* viande de poulet	0,11 mg
* viande de veau	0,25 mg
** foie de bœuf	3,30 mg
** foie de porc	3,00 mg
** foie de veau	3,10 mg
* langue de bœuf	0,29 mg
* jambon cru	0,51 mg
* anguille	0,15 mg
* muge	0,11 mg
* chien de mer en tranches	0,14 mg
* friture de poissons	0,21 mg
* sardines	0,21 mg
* maquereau	0,17 mg
* thon	0,19 mg
* lait de vache entier	0,18 mg
* œuf de poule entier pesant 50 g environ	0,26 mg

* Aliments ayant un contenu moyen ou élevé en vitamine B_2.
** Aliments ayant un contenu très élevé en vitamine B_2.

Nous n'avons pas cité les aliments pauvres en vitamine B_2. Les artichauts et les citrons en particulier ne contiennent que des traces de cette vitamine, tandis que le beurre, la margarine, les huiles végétales, le saindoux, le sucre et le vin n'en contiennent pas du tout.

RÉGIMES JOURNALIERS AVEC UN CONTENU ÉLEVÉ EN VITAMINE B_2

Ier EXEMPLE

	Aliments	Quantité en g	Vitamine B_2 contenue exprimée en mg
petit	lait	200	0,36
déjeuner	café		non
	biscuits	50	0,025
	pain complet (1 tranche)	50	0,03
	beurre et confiture	25	0,065
			0,48
déjeuner	pâtes alimentaires	100	0,10
	escalope de veau	100	0,25
	champignons frais	150	0,60
	gruyère	50	0,39
	cerises et abricots	200	0,10
	pain blanc	100	0,06
			1,50
dîner	potage de riz et légumes	50	0,02
	foie de veau au beurre	150	4,65
	épinards	150	0,27
	fraises	150	0,07
	pain blanc	100	0,06
			5,07

Besoin journalier = 1,60 mg. Total de vitamine B_2 absorbée avec le régime journalier = 7,05 mg.

	Aliments	Quantité en g	Vitamine B_2 contenue exprimée en mg
petit	œufs sur le plat	50	0,26
déjeuner	avec jambon	30	0,15
	prunes sèches	60	0,08
			0,49
déjeuner	risotto (riz)	60	0,024
	foie de bœuf à la vénitienne	150	4,95
	petits pois frais	200	0,20
	pêches	200	0,08
	pain blanc	100	0,06
			5,314
dîner	soupe de semoule	50	0,02
	poulet bouilli	200	0,22
	haricots frais en salade	200	0,12
	fraises	150	0,07
	pain blanc	100	0,06
			0,49

Besoin journalier = 1,60 mg. Total de vitamine B_2 absorbée avec le régime journalier = 6,29 mg.

Curiosités

Nous avons dit que la vitamine B_2 a un lien avec la croissance; certains auteurs l'ont même appelée "vitamine de la croissance". Il faut tout de suite préciser que cela n'est vrai qu'en partie. En effet, si les expériences conduites en laboratoires sur des rats ont démontré que cette vitamine joue un rôle dans leur croissance, ceci n'a pas pu être vérifié pour l'homme.

VITAMINE B$_6$ (ou pyridoxine)

HISTOIRE

La découverte de la vitamine B$_6$ est assez récente et remonte aux années 1935/39. Les premières études débutèrent en 1934 et elles furent menées par Paul Gyorgy qui démontra que les rats alimentés par un régime dépourvu des facteurs du complexe vitaminique B, mais auquel on avait ajouté les vitamines B$_1$ et B$_2$, étaient frappés tout de même de dermatite desquamante et d'altérations cutanées. Evidemment, l'action de ces deux vitamines du groupe B ne suffisait pas à protéger les rats de ces altérations, et par conséquent, on ajouta au régime de ces animaux de la levure autoclavée (c'est-à-dire traitée à chaud sous pression). Les rats guérirent ainsi grâce à l'effet de cet extrait particulier de levure que Gyorgy appela vitamine B$_6$.

Par la suite, la vitamine B$_6$ fut extraite à l'état solide cristallin de la bale de riz et en 1939, elle fut préparée synthétiquement par Kuhn.

CARACTÉRISTIQUES

La vitamine B$_6$ n'est pas un composé unique mais comprend un groupe de 3 éléments ayant des activités biologiques identiques.

Elle est soluble dans l'eau, résistante à la chaleur mais

instable en présence des radiations ultraviolettes qui ont le pouvoir de la détruire.

La vitamine B_6 est très répandue dans la nature. Elle est présente en particulier dans la levure, dans la bale de riž, dans les œufs, dans le foie, dans la viande, le poisson, les graines d'arachide, de soja, de lin, dans les pommes de terre, les épinards, les légumes. En outre, elle est synthétisée par la flore bactérienne intestinale, même si ce n'est qu'en quantité insuffisante. Pour cette raison, et à cause de son ample diffusion dans la nature, il est plutôt rare d'observer des signes de carence en vitamine B_6 chez l'homme.

BESOIN

Le besoin moyen journalier en vitamine B_6 chez l'homme adulte est de 2 mg/jour. Chez les femmes enceintes, il est de 10 mg/jour: il leur faut une quantité aussi élevée car pendant la grossesse, on enregistre une augmentation de l'élimination, avec les urines, des produits qui requièrent des intégrations importantes de vitamine B_6.

FONCTION

La vitamine B_6, contrairement aux autres vitamines du groupe B, n'est pas directement intéressée à la production d'énergie, mais agit comme facteur important dans le métabolisme des acides aminés et des protéines, c'est-à-dire dans cet ensemble de réactions chimiques et biologiques dont dépendent la croissance ou le maintien du poids de l'organisme et la conservation de ses fonctions vitales.

Elle semble indispensable à la synthèse de l'hémoglobine du sang; en outre, elle facilite la production de certaines hormones.

C'est à la vitamine B_6 que l'on doit le fait que le triptophane, un acide aminé important présent dans certains aliments, puisse être transformé en acide nicotinique ou vitamine PP (voir page 54).

Symptômes de carence

Il faut tout d'abord souligner que l'instauration d'un état de carence en vitamine B_6 chez l'homme est plutôt rare. Et si cela devait se vérifier, cela ne serait pas dû à un manque d'absorption de vitamine B_6 mais plutôt à une altération de l'absorption intestinale de la vitamine ingérée.

Dans certains cas, l'avitaminose B_6 peut être causée par des substances qui interfèrent avec cette vitamine en formant des dérivés inactifs qui réduisent son efficacité ou même l'annulent (antivitamine B_6).

Une de ces substances est l'isoniazide qui est un médicament employé dans la thérapie antituberculaire, l'autre est la désoxypyridoxine. Celle-ci a justement été utilisée pour provoquer une carence en vitamine B_6 chez un groupe de personnes sur lesquelles on voulait étudier et expérimenter les conséquences de cet état de carence.

La carence en vitamine B_6 chez l'homme entraîne des altérations cutanées (dermatites) autour des yeux et de la bouche, des lésions inflammatoires de la langue (glossite) et de la muqueuse orale, des troubles gastro-entériques comme la nausée, les vomissements; des troubles nerveux comme les convulsions, la somnolence; l'anémie.

Mais, nous le répétons, il est rare d'observer chez l'homme des signes de carence dus uniquement au régime.

Maladies dues à une carence en vitamine B_6
— Dermatite autour des yeux, du nez, de la bouche — Glossite — Névrite périphérique — Chéilite — Anémie hypochrome (peu d'hémoglobine) — Diminution des lymphocytes

TRAITEMENT

Le dosage varie selon le stade de l'hypovitaminose. Par exemple, contre:
— les névrites dues à l'isoniazide (médicament antituberculaire). Il suffira d'administrer 40 à 100 mg/jour de vitamine B_6 par voie orale;
— la nausée et les vomissements dus à l'anesthésie. On administrera de 80 à 100 mg/jour par voie orale;
— les convulsions et l'anémie dues à une carence de pyridoxine. On administrera de 100 à 300 mg/jour de vitamine B_6 par voie intramusculaire.

RISQUES ET TOXICITÉ

Des doses même élevées de vitamine B_6 absorbées pendant une certaine période de temps n'ont provoqué aucun effet toxique. Cependant, l'emploi prolongé de doses de 200 à 300 mg ont donné des cas de dépendance en pyridoxine B_6. Ceci signifie que l'interruption de la prise de vitamine B_6 donne lieu à des réactions négatives comme le nervosisme et le tremblement. En outre, des doses élevées de vitamine B_6 interfèrent avec l'L-DOPA, un médicament utilisé contre la maladie de Parkinson.

La vitamine B_6 est très répandue dans la nature et est par conséquent présente dans la plupart des aliments consommés par l'homme; les cas d'avitaminose B_6 étant tellement rares chez l'homme, nous n'avons pas jugé utile de reporter dans un tableau les contenus de cette vitamine dans les divers aliments, ni de suggérer des régimes hypervitaminisants particuliers.

Rappelons seulement que la vitamine B_6 est présente en quantités appréciables dans les aliments suivants:

levure, bale de riz, farine complète
œufs
foie
poisson
viande
graines d'arachide, soja, lin
pommes de terre, épinards
légumes

La vitamine B_6 est également synthétisée par la flore bactérienne intestinale.

CURIOSITÉS

Lorsque le médecin vous prescrit ou prescrit à votre famille des antibiotiques, rappelez-lui de vous donner des vitamines du groupe B que vous prendrez avec les antibiotiques, car ceux-ci (de même que les sulfamides) détruisent non seulement en peu de temps les microbes responsables de l'apparition de maladies plus ou moins graves (tonsillites, pneumonie, pleurite, infections en général) mais aussi les bactéries présentes dans la flore intestinale qui ne sont donc plus en mesure de synthétiser pour nous les vitamines B_6, B_{12}, B_2, l'acide panthoténique, la biotine, l'acide folique et la vitamine K.

Si nous ne voulons pas subir les conséquences de ces avitaminoses (dermatites, en particulier à la bouche, aux yeux, au nez et lésions inflammatoires de la langue et de la muqueuse orale; nous avons vu un enfant perdre entièrement la peau de sa langue comme un serpent lorsqu'il mue), nous devons absolument prendre les vitamines du complexe B.

VITAMINE B_{12} (ou cyanocobalamine)

HISTOIRE

Les vitamines du groupe B sont très jeunes.

La B_1 a été découverte en 1926; la B_2 en 1933; la B_6 en 1935; la B_{12} seulement en 1948; c'est la plus récente de toutes les vitamines.

Les premières études datent de 1926 lorsque G.R. Minot et W.P. Murphy constatèrent que l'anémie pernicieuse pouvait être guérie grâce à une substance contenue dans le foie. Par la suite, d'autres biochimistes tentèrent d'isoler et de repérer chimiquement cette substance active miraculeuse présente dans les extraits de foie et qui avait le pouvoir de vaincre l'anémie pernicieuse. Ce n'est qu'après vingt années de longues recherches, d'études, de preuves et de contre-preuves que ces efforts furent couronnés de succès. En effet, en 1948, Rickes et ses collaborateurs aux Etats-Unis, ainsi que Smith et ses collaborateurs en Angleterre réussirent à isoler dans le foie un composé cristallin qui présentait à l'égard de l'anémie pernicieuse des propriétés curatives identiques à celles des extraits de foie: c'est ainsi que la vitamine B_{12} vit le jour.

La vitamine B_{12} se présente sous forme de cristaux en forme d'aiguille de couleur rouge foncé. Elle possède une formule chimique très complexe et c'est l'unique vitamine contenant un métal dans sa molécule: le cobalt. C'est pour cette raison que la vitamine B_{12} est également dénommée "cobalamine". Elle est soluble dans l'eau et est assez stable en solution.

ORIGINE

Contrairement aux autres vitamines du groupe B, la vitamine B_{12} n'est pas répandue dans la nature. Elle est synthétisée exclusivement par certains micro-organismes. Les végétaux ne sont pas capables de la synthétiser et généralement, ils ne la contiennent pas. Par conséquent, on trouve cette vitamine uniquement dans les aliments animaux. La flore bactérienne intestinale de l'homme et des animaux est capable de la synthétiser.

Les aliments les plus riches en vitamine B_{12} sont les suivants:

foie
viande
rein
poisson
œufs
fromages fermentés

Mais en valeur absolue, ces aliments ne sont pas véritablement "riches" en vitamine B_{12}; il suffit de penser que 100 g de foie cru contiennent tout juste 0,07 mg de vitamine B_{12}, et que lorsque celle-ci fut extraite pour la première fois à l'état pur, on obtint à peine 20 mg de vitamine B_{12} à partir d'une tonne de foie.

Par conséquent, la vitamine B_{12} n'est pas extraite à échelle industrielle à partir des aliments qui la contiennent, mais sa production est confiée à certains micro-organismes qui sont en mesure d'effectuer ce travail. En pratique, on utilise des cultures de *Streptomices griseus* qui ont toujours été développées en vue d'obtenir la streptomycine. Outre la production de streptomycine, on obtient parallèlement la vitamine B_{12}.

BESOIN

La vitamine B_{12} agit en doses extrêmement faibles car c'est une substance très efficace, mais aussi parce que le besoin de l'homme est limité à des quantités particulièrement faibles. En ce qui concerne cette vitamine, on ne parle plus de milligrammes (mg) mais de microgrammes (μg), le microgramme équivalent au millionième de gramme. Le besoin moyen journalier en vitamine B_{12} chez l'homme se situe aux alentours de 2 μg et peut atteindre 4 μg pour la femme enceinte.

FONCTION

Les fonctions exercées par cette vitamine sur l'organisme ne sont pas très claires. Il semble qu'elle réussisse à améliorer l'utilisation des acides aminés qui circulent dans le sang et à influencer le métabolisme des sucres et des graisses.

Ce qui est plus important, c'est sa participation avec une autre vitamine, l'acide folique, à la synthèse de l'ADN, ce fameux élément présent dans le noyau des cellules et qui contient tout le patrimoine génétique. Lorsqu'il y a une réduction de la synthèse de l'ADN à la suite d'une carence de cette vitamine, les altérations se manifestent surtout aux dépens des cellules qui se reproduisent en continuation, par exemple, les globules rouges et les cellules des muqueuses, en particulier dans la partie gastro-intestinale.

Symptômes de carence

Il faut souligner tout d'abord qu'un état de carence réelle en vitamine B_{12} se produit bien difficilement à cause d'un apport alimentaire insuffisant, d'autant plus qu'une certaine formation de cette vitamine est l'œuvre de la flore bactérienne intestinale.

Par contre, une carence éventuelle peut dépendre:
— d'une absorption intestinale altérée;
— d'une consommation de cette vitamine de la part de parasites logés dans l'intestin;
— d'une pathologie de la paroi intestinale.

Quelle qu'en soit la cause, la manifestation la plus typique de la carence en vitamine B_{12} chez l'homme est l'anémie pernicieuse, une maladie très grave qui, il y a encore quelques années, présentait un décours progressif et mortel. Elle s'annonçait d'abord par des troubles digestifs dus à des altérations des muqueuses, en particulier celles du tube digestif (glossite, stomatite, gastrite), suivis d'une forme grave d'anémie (réduction progressive des globules rouges) accompagnée souvent d'altérations du système nerveux: en particulier, une dégénérescence de la moelle épinière par démyélinisation (disparition de la gaine de myéline qui entoure les fibres nerveuses). Il suffit d'administrer 50 µg/jour de vitamine B_{12} pour enrayer cette grave maladie, mais ... attention! Le médicament ne peut être pris seul par voie orale, cela ne servirait à rien. En effet, l'anémie pernicieuse n'est pas due à un apport insuffisant de vitamine B_{12}, mais au fait que cette vitamine n'est pas absorbée dans l'intestin en raison de l'absence d'une protéine gastrique appelée "facteur intrinsèque". Dans les selles des personnes frappées d'anémie pernicieuse, on observe en effet des quantités importantes de vitamine B_{12} qui n'ont pas été absorbées par l'intestin à cause de l'absence de "facteur intrinsèque". Par conséquent, on associera toujours le facteur intrinsèque à la vitamine administrée par voie orale.

On peut se demander alors comment il se fait qu'autrefois on soignait l'anémie pernicieuse avec succès en mangeant simplement du foie cru. Ceci vient probablement du fait que le foie contient de la vitamine B_{12} sous forme de complexes qui peuvent être absorbés même en l'absence du facteur intrinsèque.

Enfin, il est curieux d'observer que la vitamine B_{12} peut être absorbée à travers la muqueuse du nez (on peut la priser) et des bronches.

Maladies dues à une carence en vitamine B_{12}

— Anémie pernicieuse
— Démyélinisation des grosses fibres nerveuses de la moelle épinière

---

TRAITEMENT

La thérapie spécifique de l'anémie pernicieuse et de la dégénérescence de la moelle épinière prévoit l'administration de 50 µg/jour de vitamine B_{12} par voie intramusculaire, ou bien par voie orale, mais dans ce cas, elle devra être associée au facteur intrinsèque.

Une fois la normalisation de la composition sanguine obtenue, on passera à la dose de maintien de 1 µg/jour.

La vitamine B_{12} absorbée même en grandes quantités ne provoque aucune intoxication et ne donne lieu à aucun malaise.

Diffusion dans la nature

Etant donné que la vitamine B_{12} est peu diffusée dans la nature (on la trouve seulement dans quelques aliments animaux, et non pas dans les végétaux), et que les états d'avitaminose éventuels ne dépendent pas du manque d'absorption mais d'une altération de l'absorption intestinale, nous pensons qu'il est inutile de reporter dans un tableau les contenus de cette vitamine dans les divers aliments et de suggérer un régime hypervitaminisant. Par conséquent, nous nous bornons à signaler que la vitamine B_{12} est présente dans les aliments suivants:
foie cru (70 µg/100 g)
rein cru (30 µg/100 g)
poisson (sardines et thon à l'huile)
œufs (mais un œuf ne contient que 1 µg)
fromages fermentés
Cette vitamine est également synthétisée par la flore bactérienne intestinale.

VITAMINE PP (ou nicotinamide ou niacine ou acide nicotinique)

Histoire

La recherche de la vitamine PP est liée à l'histoire d'une maladie qui, il y a quelques dizaines d'années encore, frappait de larges couches des populations indigènes: la pellagre. Cette maladie apparut pour la première fois au cours du XVIIIe siècle, en Espagne et en Italie; elle se développa au cours du XIXe siècle, surtout dans l'Italie du Nord (Vénitie et Lombardie), en Espagne, en Roumanie, en Egypte, en Sibérie et, au début du XXe siècle, dans le sud des Etats-Unis.

La pellagre se manifeste par:

— des dermatites très graves aux mains, aux pieds, au cou et au visage qui se couvrent d'une croûte de couleur foncée; la langue prend une couleur rouge foncé, est irritée, souvent ulcéreuse, ce qui rend la déglutition douloureuse;

— des troubles de l'appareil digestif qui consistent en une perte de l'appétit, des difficultés de digestion, des vomissements et de la diarrhée qui sont tellement graves qu'ils provoquent le décès du malade;

— des troubles mentaux graves qui peuvent provoquer des dépressions, des tendances au suicide, des hallucinations développées, délire et démence complète.

Pour cette raison, la pellagre était appelée, dans un but mnémonique, la maladie des 4 D: dermatite, diarrhée, démence, death (mort). Dès la première expérience, on observa qu'il existait un lien entre l'incidence de la pellagre et le type d'alimentation basée presque exclusivement sur le maïs. On avança les hypothèses les plus variées: le maïs contient des substances toxiques produites par certaines moisissures présentes dans le produit mal séché ou immature; le maïs contient peu de protéines et celles qu'il contient ont une valeur biologique peu élevée; on ne peut pas vivre exclusivement de farine de maïs, il faut lui intégrer d'autres aliments, et si possible de la viande; la pellagre est due à une carence en vitamines. Cette dernière était également une hypothèse de Funk, le savant qui avait créé le terme "vitamine" et qui, encore une fois, comme avec la vitamine B_1, avait eu la brillante intuition d'attribuer les causes de l'apparition de la pellagre à une avitaminose. Cependant, de nombreuses années passèrent avant que l'hypothèse de Funk puisse être démontrée.

En 1915, Joseph Goldberger, à la suite d'expériences conduites sur l'homme, réussit à démontrer que la pellagre dépendait d'une déficience diététique. Par la suite, on prouva qu'il était possible de soigner cette maladie grâce à une substance contenue dans la levure de bière et dans le foie. On avait donc trouvé le remède sans savoir encore en quoi il consistait. Ce fut Conrad Elvehjem qui découvrit en 1937 que l'acide nicotinique, isolé sous forme de cristaux dans le foie de veau, avait le pouvoir de prévenir et de soigner la pellagre. On donna le nom de vitamine PP à ce facteur anti-pellagreux. Enfin, à une date plutôt récente (1952), Elvehjem réussit à démontrer que le tryptophane (acide aminé faisant partie des protéines) était efficace dans le traitement de la pellagre au même titre que l'acide nicotinique. Ceci s'explique par le fait que l'organisme humain est en mesure de transformer le tryptophane en acide nicotinique.

A ce point, on a envie de se demander: quel est donc le rôle du maïs dans tout cela? Comment le maïs peut-il provoquer la pellagre s'il ne contient que de faibles quantités d'acide nicotinique? Aujourd'hui, le mystère est dévoilé; il est vrai que le maïs contient environ 1 mg d'acide nicotinique pour 100 g de produit, mais on a désormais démontré que cet acide est présent sous une forme liée et par conséquent, il ne peut être absorbé par de nombreuses espèces animales. En outre, le maïs est pauvre en tryptophane. D'autre part, on a démontré aujourd'hui que le maïs contient certaines substances appelées anti-vitamines qui, ainsi que le terme l'exprime, neutralisent et entravent l'action de la vitamine PP éventuellement présente.

Tout ceci démontre que la pellagre est une avitaminose PP qui frappe ceux qui s'alimentent presque exclusivement de maïs, étant donné que ce dernier contient de l'acide nicotinique sous une forme peu assimilable, très peu de tryptophane et quelques anti-vitamines. Que devons-nous faire alors? Eliminer le maïs de notre cuisine? Pas le moins du monde. Mangeons-en tant qu'il nous plaira, et accompagnons-le de protéines (viande, poissons, fromage) et non pas d'oignons, de tomates, ni de salade ainsi que le faisaient les populations les plus pauvres.

De nos jours, l'amélioration de la vie sous tous ses aspects, et en particulier dans l'alimentation, s'est largement diffusée. Désormais, la pellagre a pratiquement disparu, mais elle connaît encore une diffusion endémique dans certaines régions d'Afrique, d'Inde, d'Egypte et, paraît-il, de Roumanie et de Yougoslavie.

La vitamine PP est stable même dans une solution aqueuse et elle n'est pas altérée par les variations du milieu acide ou basique, ni par la lumière.

ORIGINE

La vitamine PP est largement répandue dans toutes les cellules végétales et animales.

Les aliments qui la contiennent sont les suivants:

foie de porc, de veau, de bœuf
viande de veau, de lapin, de poulet, de bœuf
poisson
riz, pain complet
dattes, pêches, amandes
champignons frais

Le lait et les laitages sont également indiqués dans le traitement de la pellagre car, bien qu'ils ne contiennent pas d'acide nicotinique, ils contiennent du tryptophane qui est convertible en acide nicotinique par l'organisme humain.

BESOIN

Le besoin moyen journalier en vitamine PP est d'environ 6,5 mg/1000 calories introduites dans l'alimentation, ce qui équivaut exactement à 18 mg pour l'homme et 13 pour la femme.

Pendant la période d'allaitement, le besoin en vitamine PP pour la femme est de 20 mg/jour. En tout cas, il faut tenir compte du tryptophane introduit (qui sera transformé en acide nicotinique par la flore bactérienne intestinale) en considérant que 60 mg de tryptophane équivalent à 1 mg d'acide nicotinique.

FONCTION

La vitamine PP fait partie des coenzymes nécessaires au métabolisme des protéines, des carbohydrates, des graisses. On suppose même que cette vitamine joue un rôle dans la synthèse de l'hémoglobine.

La vitamine PP, tout comme les autres vitamines du groupe B, intervient dans les processus d'oxydation des cellules grâce auxquels se déroule la fonction la plus importante des cellules: la respiration.

SYMPTÔMES DE CARENCE

Le déficit en vitamine PP chez l'homme provoque donc une maladie très grave qui, dans les cas extrêmes, peut provoquer la mort: la pellagre. Les débuts sont trompeurs car les premiers symptômes sont légers: paresse, manque d'appétit, asthénie; mais ces troubles deviennent bien vite plus graves comme nous l'avons déjà décrit.

Maladies dues à une carence en vitamine PP

— Pellagre

TRAITEMENT

Dans les cas les plus sérieux de pellagre accompagnée de diarrhée et de troubles mentaux, le médecin conseillera l'administration d'acide nicotinique par voie intraveineuse, à raison de 100 mg, deux ou trois fois par jour. Dans les autres cas, on administrera de l'acide nicotinique par voie orale, à raison de 500 mg/jour.
Une forme de thérapie pratique consiste à administrer, trois fois par jour, 20 g de levure de bière écrasée dans du jus de tomate.
On suivra de préférence un régime riche en protéines et en calories; le malade mangera fréquemment et abondamment sur la base de 3500 calories par jour et même plus.

RISQUES ET TOXICITÉ

Des doses mêmes massives de vitamine PP ne font encourir aucune hypervitaminose car la vitamine en excès ne s'accumule pas dans les tissus, mais est éliminée avec les urines. Cependant, étant donné que cette élimination advient presque complètement sous forme d'un groupe méthylique, il pourra se produire un état de carence de groupes méthyliques dans l'organisme.

Tableau III

CONTENU EN VITAMINE PP DANS LES ALIMENTS LES PLUS COURANTS POUR 100 G DE PRODUIT LOURD	
Aliments	*Vitamine PP présente dans 100 g d'aliments*
* riz	2,5 mg
pain de blé	0,8 mg
* pain complet	3,0 mg
pâtes aux œufs	2,3 mg
biscuits	1,1 mg
petits pois	1,3 mg
carottes	0,56 mg
* champignons frais	4,4 mg
pommes de terre	1,3 mg
tomates	0,35 mg
épinards	0,5 mg
courgettes	0,46 mg
abricots	0,6 mg
bananes	0,42 mg
melons	0,33 mg
pêches	0,8 mg
* dattes	1,9 mg
* amandes	1,8 mg
* viande de lapin	6,0 mg
* viande de bœuf	3,8 mg
* viande de poulet	5,8 mg
* viande de veau	6,3 mg
** foie de porc	16,7 mg

* Aliments ayant un contenu élevé en vitamine PP.
** Aliments ayant un contenu très élevé en vitamine PP.

Aliments	Vitamine PP présente dans 100 g d'aliments
** foie de veau	6,3 mg
** foie de bœuf	13,7 mg
* jambon cru	3,3 mg
* friture de poissons	2,7 mg
* maquereaux	5,2 mg
* thon	5,8 mg
lait	0,1 mg
bière	0,3 mg
confiture	0,2 mg

* Aliments ayant un contenu élevé en vitamine PP.
** Aliments ayant un contenu très élevé en vitamine PP.

Nous n'avons pas cité les aliments pauvres en vitamine PP (légumes, salades et fruits en général).
Certains aliments ne contiennent pas de vitamine PP: beurre, margarine, huiles, saindoux, vin et sucre.

	Aliments	Quantité en g	Vitamine PP contenue exprimée en mg
petit	lait[1]	200	1,5
déjeuner	café		non
	pain complet		
	(2 tranches)	100	3,0
	beurre	10	non
	confiture	20	0,04
			4,54
déjeuner	pâtes aux œufs	100	2,3
	foie de veau au beurre	150	24,0
	petits pois au beurre	200	2,6
	pêches	200	1,6
	pain blanc	100	0,8
			31,30
dîner	riz bouilli	70	1,7
	escalopes de veau	130	8,2
	courgettes au beurre	150	0,6
	bananes	200	0,8
	pain blanc	100	0,8
			12,10

Besoin journalier = 18 mg. Total de vitamine PP absorbée avec le régime journalier = 47,9 mg.

[1] Le lait, en réalité, n'a pas un contenu en vitamine PP aussi élevé, mais dans notre calcul, nous avons tenu compte du tryptophane qu'il contient et qui, comme nous l'avons mentionné, est transformé en vitamine PP par l'organisme.

Pour la vitamine PP, nous avons proposé un seul exemple de régime hypervitaminisant, étant donné que la préparation du régime est pratiquement automatique: il suffit d'insérer des substances protéiques dans la liste (viande) et il est impossible de se tromper.

Laissons au lecteur la satisfaction de se préparer lui-même un régime en se servant des données reportées au tableau III, page 60.

Notons enfin que la pellagre ne frappait jamais les riches qui se nourrissaient abondamment de viande, mais uniquement les pauvres qui ne mangeaient de viande qu'à Noël, à Pâques ou lorsqu'on "tuait le cochon". En fait, les pauvres étaient victimes de la pellagre, non pas parce qu'ils se nourrissaient presque exclusivement de farine de maïs, mais parce qu'ils ne mangeaient pratiquement pas de protéines. De nos jours, on n'entend plus parler de cette maladie, parce que nous nous nourrissons — du moins dans les pays occidentaux — de protéines (poissons, œufs, fromage, et surtout de viande). Par conséquent, il est inutile de proposer des régimes riches en vitamine PP. Nous mangeons, heureusement, assez correctement, aujourd'hui.

Curiosités

Nous avons déjà dit que la pellagre est également appelée "maladie des 4 D" (dermatite, diarrhée, démence, décès) pour rappeler que les manifestations les plus graves de cette maladie mènent fatalement à la mort.

Le terme "pellagre" dérive du latin *pellis* "peau" et du grec *agra* "action de saisir", c'est-à-dire, maladie qui affecte la peau, ainsi qu'elle se présente effectivement chez les malades graves.

ACIDE PANTOTHENIQUE
BIOTINE
ACIDE FOLIQUE

INTRODUCTION

Il est amusant de remarquer que si nous entendons parler de vitamines importantes dont la carence provoque des maladies graves (béribéri, pellagre, scorbut), notre attention est aussitôt attirée, mais que dans le cas de vitamines moins importantes, celles dont la carence concerne seulement les poulets ou les rats, notre intérêt est moindre.

A notre avis, c'est le cas des trois vitamines dont nous parlerons maintenant (acide pantothénique, biotine, acide folique) et que nous traiterons brièvement.

Avec ces trois vitamines, nous achevons le chapitre concernant le groupe vitaminique B, en laissant volontairement de côté l'inositol et la vitamine B_{13} (voir schéma du groupe vitaminique B page 16), car ils sont peu connus, peu intéressants et leur nature vitaminique est plutôt douteuse.

Acide pantothénique

HISTOIRE

Au cours des années trente, Elvehjem (principal protagoniste de la découverte de la vitamine PP) mena des expériences intéressantes sur des poussins en leur donnant un régime dépourvu de vitamines du groupe B, régime auquel il avait ajouté de la vitamine B_1, ou B_2, ou B_6, ou PP, sans obtenir aucune amélioration dans le traitement d'une dermatite particulière qui avait frappé ces poussins. Il n'obtint leur guérison qu'après avoir ajouté à leur régime dépourvu de vitamines B un filtrat d'extrait de levure autoclavée qui fut identifié par Elvehjem comme étant l'acide pantothénique. Cette vitamine fut ensuite classée dans le groupe vitaminique B et fut synthétisée par R. Williams en 1940.

ORIGINE

La dénomination "pantothénique" (du grec *pantoten* = partout) a été donnée à cette vitamine parce qu'elle est particulièrement répandue dans la nature: on la trouve dans tous les tissus animaux et végétaux, mais en particulier dans le foie, la levure et le jaune d'œuf. Elle est synthétisée par les plantes vertes et par certains micro-organismes.

BESOIN

Le besoin moyen quotidien est d'environ 10 à 15 mg.

FONCTION

L'acide pantothénique est nécessaire à la vie des cellules car il joue un rôle dans la synthèse du coenzyme A, une des molécules les plus importantes pour le métabolisme des aliments. Ce coenzyme A est nécessaire pour la synthèse et la démolition des acides gras, pour la synthèse du cholestérol, de certaines hormones et de certains acides aminés. L'acide pantothénique est un facteur actif contre les dermatites des poussins et un facteur de croissance pour les rats, les chiens et les porcs. C'est également un facteur "anti-gris", c'est-à-dire qu'il empêche le vieillissement précoce des poils des animaux.

SYMPTÔMES DE CROISSANCE

La carence en acide pantothénique chez les animaux détermine des dermatites; un grisonnement précoce des poils ou des plumes ou la chute des poils; un retard de la croissance; une incapacité de reproduction; des lésions des glandes surrénales (chez le rat); un foie gras (chez le chien); une diminution de la synthèse des anticorps.

Chez l'homme, aucune symptomatologie de ce genre n'a encore été observée et ceci s'explique par le fait que l'homme n'est pas sujet aux carences vitaminiques d'acide pantothénique, cette vitamine étant présente dans tous les aliments. Un éventuel déficit pantothénique peut être causé non pas par l'alimentation, mais à la suite d'un déficit de l'absorption de la vitamine introduite ou de l'effet d'antivitamines. Après un certain nombre d'expériences effectuées sur l'homme, on a constaté qu'une grave carence provoquée avec des antivitamines appropriées entraînait principalement des troubles de la personnalité comme l'irritabilité, l'insomnie alternée avec des périodes de somnolence, des sensations de fatigue. Par conséquent, il n'existe pas une maladie caractéristique pour des sujets humains manquant d'acide pantothénique.

TRAITEMENT

Le besoin normal étant de 15 mg/jour, en cas de nécessité on administrera 100 mg d'acide pantothénique, par voie orale.

ALIMENTS RICHES EN ACIDE PANTOTHÉNIQUE	
chou-fleur	1,0 mg/100 g
foie de bœuf cru	7,0 mg/100 g
lait	0,8 mg/100 g
œuf frais, cru	0,8 mg/1 œuf
pamplemousse	1,3 mg/1 pamplemousse
rein de bœuf, cru	3,5 mg/100 g
son de céréales	2,5 mg/100 g

Biotine (ou vitamine H)

HISTOIRE

En Angleterre, autour des années trente, on effectua des expériences dont le but était d'expliquer le fameux "syndrome du blanc d'œuf". On avait noté que les animaux (rats, poussins, chiens) dont le régime alimentaire comportait des protéines représentées par du blanc d'œuf étaient frappés, au bout d'un certain temps, de dermatites séborrhéiques accompagnées par la perte du poil et un affaiblissement général et progressif. La maladie disparaissait avec l'administration de petites quantités de levure, de jaune d'œuf, de foie. Par la suite (1936), Gyorgy établit que le facteur actif contenu dans ces aliments était une vitamine qu'il appela H (de l'allemand *Haut* = peau, pour maladie de la peau) et plus tard (1940), il identifia cette vitamine comme étant la biotine. Cette vitamine était donc capable de guérir les animaux frappés de dermatite séborrhéique. Mais quel est le rôle du blanc d'œuf dans tout cela? Ce dernier provoque la maladie parce qu'il contient une substance (une antivitamine) capable de bloquer l'action de la biotine. Cette vitamine, qui, même si elle n'est pas absorbée avec les aliments, se forme dans l'intestin grâce à la flore bactérienne intestinale, était "liée" par l'antivitamine, provoquant ainsi l'instauration d'un état d'avitaminose.

La biotine est résistante à la chaleur et aux acides, mais pas aux alcalins. Elle présente une activité très élevée sur la croissance des levures et a également une action stimulante sur les plantes.

ORIGINE

Elle est répandue aussi bien dans le règne animal que dans le règne végétal. Les aliments qui contiennent de la biotine en grandes quantités sont: 'la levure, le foie, le rein, le jaune d'œuf et le lait.

BESOIN

De nombreux auteurs ne se prononcent pas sur la quantité nécessaire. Selon les Américains, le besoin est d'environ 200 µg ou 0,2 mg.

FONCTION

Cette vitamine participe en tant que catalyseur à un grand nombre de réactions biologiques. Elle intervient, par exemple, dans la synthèse des acides gras et des protéines. En outre, elle est présente comme coenzyme dans le métabolisme des protéines et crée des carbohydrates à partir de "non-carbohydrates", ce processus étant très important car il permet de créer des carbohydrates lorsque l'organisme en a besoin et a terminé ses réserves.

De même que pour l'acide pantothénique, la carence en biotine est improbable chez l'homme. Par conséquent, la symptomatologie de la carence en biotine a été étudiée après avoir provoqué un état de carence à un groupe de volontaires auxquels on avait fait manger de grandes quantités de blanc d'œuf. En peu de temps, on observa l'apparition de dermatites, la réduction de l'hémoglobine, la réduction du nombre et du volume des globules rouges, l'asthénie, la perte de l'appétit et une faiblesse générale. Ces symptômes disparurent au bout de quelques jours grâce à l'administration de biotine.

Etant donné que le lait maternel ne contient que de petites quantités de biotine, cette carence vitaminique peut s'instaurer chez les nourrissons qui présentent dans ce cas une dermatite du type séborrhéique desquamative (syndrome de Leiner).

Traitement

Normalement, la biotine fait partie du groupe vitaminique B. Les doses les plus souvent utilisées vont de 25 à 300 µg par jour. Dans le syndrome de Leiner, on arrive à 300 µg par jour.

Acide folique (ou vitamine B_c)

Histoire

La découverte de cette vitamine remonte à 1940-1941, lorsque Mitchell isola dans les feuilles d'épinard et d'autres végétaux une substance capable d'activer la croissance de certains micro-organismes. Etant donné qu'elle fut extraite des feuilles des végétaux, cette vitamine fut baptisée "acide folique". Elle fut préparée synthétiquement en 1945. L'acide folique est détruit par la chaleur dans un milieu acide et est sensible à la lumière solaire.

ORIGINE

L'acide folique est très répandu dans la nature car il est présent dans les matériaux provenant du règne végétal et animal. Les feuilles vert foncé (épinards par exemple) en sont particulièrement riches, mais les aliments végétaux et animaux comme le foie, le rein, les œufs, la viande, le blé, les petits pois, les tomates, les pommes de terre etc., en contiennent aussi.

Il est synthétisé par les plantes et les micro-organismes. Chez l'homme, il est synthétisé par la flore bactérienne intestinale.

BESOIN

Le besoin quotidien d'acide folique peut atteindre 0,2 mg. Les Américains qui tiennent particulièrement aux vitamines (ils n'ont pas encore "vitaminisé" l'air qu'ils respirent... parce qu'il n'existe pas de vitamines à l'état gazeux qui puissent être mélangées à l'air) fournissent des valeurs bien plus élevées: 0,4 mg pour les adultes et les adolescents, 0,6 pour les femmes qui allaitent, 0,8 mg pour les femmes enceintes.

FONCTION

L'acide folique favorise le développement d'importantes réactions biologiques: parmi ces dernières, la plus importante est la synthèse du fameux ADN, c'est-à-dire de la substance contenue dans le noyau des cellules qui permet la transmission de toutes les caractéristiques génétiques de l'individu. La reproduction cellulaire est déterminée par le processus de la mitose pendant laquelle une cellule "mère", grâce au redoublement de la chaîne d'ADN, engendre une cellule "fille" qui lui est parfaitement identique. C'est au cours de ce processus de duplication de l'ADN que la présence de l'acide folique est indispensable. Cette vitamine, comme du reste la vitamine B_{12} (voir ce qui a été dit précédemment), est particulièrement importante pour la sustentation des tissus qui subissent une reproduction continue et rapide et donc plus particulièrement pour les cellules du sang.

L'acide folique participe, tout comme la vitamine B_{12}, à la synthèse de l'acide nucléique qui constitue le noyau des cellules.

En tant que facteur de croissance et de développement des microorganismes et des êtres supérieurs (rat, singe, poussin), il est encore plus puissant que la vitamine B_{12}.

SYMPTÔMES DE CARENCE

Chez l'homme, l'instauration d'un état d'avitaminose due à une carence en acide folique est rare, étant donné qu'une bonne partie de la production de cette vitamine est assurée par la flore bactérienne intestinale. En tout cas, une carence éventuelle peut être déterminée par:
— une absorption insuffisante d'acide folique dans le régime;
— la destruction de la vitamine durant la cuisson des aliments;
— une absorption insuffisante de la part de l'intestin.
Un des signes les plus caractéristiques de cette carence est

l'apparition d'une anémie particulière appelée par les médecins "macrocitique-mégaloblastique" qui, en d'autres mots, consiste en un appauvrissement du sang caractérisé par une forte diminution des globules rouges et blancs et par l'apparition de globules rouges anormaux de grandes dimensions.

Les autres signes de carence sont les suivants: altérations ulcéreuses des parois de l'intestin et, par conséquent, diarrhées grasses et troubles de l'absorption intestinale; ralentissement de la croissance et du développement, en particulier chez les singes, les poulets, les rats et les poussins.

Des états de carence graves peuvent être déterminés par des substances qui entravent les capacités fonctionnelles de cette vitamine. Ce sont les antivitamines (nous avons déjà vu que le blanc d'œuf entrave l'action de la biotine) qui, dans ce cas précis, sont appelées "antifoliques". C'est justement en raison de leurs propriétés antifoliques que ces substances ont été utilisées avec un certain intérêt dans la chimiothérapie contre les tumeurs. En effet, étant donné qu'en général les cellules ont besoin d'acide folique pour proliférer, une carence provoquée avec des antifoliques devrait bloquer la prolifération des cellules cancérogènes et, par conséquent, la diffusion du cancer. En fait, les antifoliques empêchent le développement des tumeurs, mais leur emploi s'est avéré dangereux, étant donné qu'elles nuisent en même temps au bon développement des cellules normales.

Maladies dues à une carence en acide folique
— Anémie macrocitique-mégaloblastique — Altérations ulcéreuses des parois intestinales – diarrhée grasse

Pour prévenir une déficience d'acide folique, il suffit d'administrer de 0,1 à 0,3 mg de cette vitamine par voie orale et, pour les femmes enceintes, 1 mg par jour.

Pour soigner des états graves comme l'anémie mégaloblastique, la diarrhée grasse, et pour pallier certaines réactions dues aux traitements avec des antifoliques, il faut administrer de 10 à 30 mg/jour d'acide folique par voie orale.

ALIMENTS RICHES EN ACIDE FOLIQUE	
amandes	100 mg/100 g
bananes	118 mg/100 g
cacahuètes	100 mg/100 g
épinards	150 mg/100 g
foie de bœuf	125 mg/100 g
grains de maïs	300 mg/100 g
œufs	22 mg/100 g
oranges	65 mg/100 g
pommes de terre	20 mg/100 g
tomates	50 mg/100 g

VITAMINE C (ou acide ascorbique)

Parler de la vitamine C signifie parler du scorbut qui, tout comme le béribéri et la pellagre, est une maladie classique due à un déficit en vitamine: maladie classique certes, mais maladie très grave et douloureuse, qui a fait mourir bien des gens!

La maladie du scorbut était déjà connue dès l'Antiquité puisqu'elle est mentionnée dans des écrits anciens qui remontent à une époque précédant la naissance du Christ. Sans aucun doute, les croisés furent frappés par cette maladie, d'après ce que l'on peut déduire en lisant les descriptions laissées dans leurs journaux, de même que les marins qui participèrent à la fin du XVe siècle (à partir de la découverte de l'Amérique) à de longues expéditions pour la recherche de nouvelles terres.

Le scorbut frappa également les militaires et les populations civiles impliquées dans les longues guerres qui bouleversèrent l'Europe au cours des siècles et pratiquement jusqu'à nos jours, puisque dans les camps de concentration lors de la dernière guerre mondiale, il y eut des cas de scorbut.

Enfin, il faut rappeler qu'au cours d'une tragique expédition polaire, en 1912, le capitaine Scott et ses hommes, bloqués dans les glaces antartiques sans aucune possibilité de retour, furent décimés par le scorbut.

Pourquoi? Qu'est-ce qui a causé le malheur de toutes ces personnes? Au cours des siècles derniers, on avait déjà deviné, compris et démontré que le scorbut affectait les personnes obligées de se nourrir avec des aliments en conserve parce qu'elles n'avaient pas d'aliments frais à disposition, comme les hommes du capitaine Scott, les militaires durant les longues guerres, les grands navigateurs qui restaient des mois en mer, les croisés, etc.

Et on avait compris que cette maladie pouvait être, non pas guérie, mais du moins diminuée, grâce aux légumes et aux fruits frais et en particulier au jus d'agrumes.

A ce propos, l'expérience effectuée en 1747 par le physicien anglais James Lind est très significative. Partant de la croyance que les substances acides étaient plus ou moins efficaces dans le traitement du scorbut, il expérimenta l'effet de divers produits de nature acide sur un groupe de marins frappés par cette maladie. Plus précisément, outre le régime de bord normal, il administra à un groupe de marins du vinaigre, à un autre groupe une solution d'acide sulfurique, à d'autres marins encore du cidre, et puis de l'eau de mer, un mélange d'ail, du baume du Pérou, de la résine de myrrhe (ici Lind fit preuve de beaucoup de fantaisie) et enfin, deux oranges et un citron, toutes ces substances devant être prises quotidiennement.

Il ressort du rapport de Lind que les marins qui avaient pris les agrumes firent des progrès remarquables, au point que l'un d'entre eux put reprendre le service normal au bout d'une semaine; ceux qui avaient bu du cidre virent une amélioration de leur état au bout de deux semaines, tandis que tous les autres en restèrent au même point.

Lind publia en 1753 un *Traité sur le scorbut* dans lequel il décrivait en connaissance de cause les symptômes, la prophylaxie et la thérapie de cette maladie. Mais malgré la renommée de pays démocratique dont l'Angleterre a toujours joui, il faut dire que, l'Administration de ce pays n'étant pas à l'avant-garde, il fallut encore cinquante ans, après la publication du traité de Lind, avant que la Marine anglaise se décide à ajouter du jus de citron au régime de ses marins, pour combattre le scorbut. Ainsi, Lind avait découvert qu'un banal jus de citron pouvait vaincre une maladie grave qui avait affecté tant de personnes.

Mais pourquoi justement le jus de citron? Personne ne le savait; encore une fois, on connaissait le remède mais non pas ses propriétés.

Et on arrive ainsi en 1932, lorsque King aux Etats-Unis et à la même époque, Gyorgy en Hongrie, isolèrent à partir du jus de citron une substance cristalline qui se comportait vis-à-vis du scorbut de la même manière que le jus de citron. Sa formule chimique ne fut découverte que plus tard (sa formule brute est très simple $C_6H_8O_6$) et elle fut baptisée acide ascorbique ou vitamine C.

Il y a longtemps que l'acide ascorbique n'est plus obtenu industriellement par extraction du jus de citron, mais par voie chimique à partir du sorbitol.

Caractéristiques et propriétés

L'acide ascorbique est une substance fortement réductrice. Il est peu stable en solution aqueuse car il est oxydé par l'oxygène de l'air et se transforme en un produit qui n'a plus les propriétés thérapeutiques de l'acide ascorbique. Il subit des modifications selon les températures car la chaleur favorise son oxydation. C'est également la raison pour laquelle il est absent des aliments séchés. Par exemple, le lait en poudre, obtenu par séchage avec de l'air chaud, est dépourvu d'acide ascorbique. Par conséquent, il ne faut pas faire bouillir trop longtemps le lait et si l'on veut conserver l'acide ascorbique qu'il contient, il vaut mieux ne pas le faire bouillir du tout. D'ailleurs, la "pasteurisation" du lait, effectuée par les centrales laitières pour garantir sa conservation et éliminer les agents pathogènes, s'effectue en portant le lait à 65° pendant 3-4 minutes, et non pas en le faisant bouillir.

Enfin, l'acide ascorbique est stable en milieu acide, mais s'altère en milieu alcalin.

On ne connaît pas d'antagoniste de l'acide ascorbique: il n'existe pas d'antivitamine C.

Origine

La vitamine C est synthétisée par les végétaux et par la

plupart des animaux; seuls l'homme, le singe et le cobaye ne sont pas en mesure de la synthétiser et doivent par conséquent l'absorber déjà préformée. Heureusement les sources d'approvisionnement sont abondantes.

La vitamine C est présente dans presque tous les végétaux frais, mais elle est particulièrement abondante dans les agrumes, les feuilles des légumes, les pommes de terre. On la trouve également dans les poivrons, les tomates, le persil, les choux, les navets, etc. Malheureusement, ces légumes sont souvent cuits et la chaleur ne fait pas bon ménage avec l'acide ascorbique puisqu'elle le détruit. C'est pour cette raison que la meilleure source de vitamine C est constituée par les fruits, étant donné qu'ils sont normalement consommés crus. En outre, les fruits sont toujours plutôt acides ou du moins ils ne sont pas alcalins, et c'est justement dans un milieu acide que l'acide ascorbique se conserve longtemps.

BESOIN

Le besoin moyen quotidien est de:
30 – 60 mg chez les enfants
60 – 80 mg chez les adultes
100 mg chez les femmes enceintes
150 mg chez les femmes qui allaitent
Ce besoin augmente chez les individus frappés d'infections chroniques (par exemple la tuberculose) ou chez les personnes qui en éliminent plus ou en consomment moins à la suite de régimes spécifiques ou de maladies.

FONCTION

L'acide ascorbique est nécessaire à la formation de la substance responsable de la cimentation des cellules et des

tissus entre eux et a, par conséquent, une fonction importante dans la formation du collagène (protéine de la substance cellulaire du tissu conjonctif), de la matrice osseuse
et de la dentine. Il est également nécessaire pour le métabolisme d'acides aminés importants comme la tyrosine et
la phénylalanine et semble impliqué dans le métabolisme
de l'acide folique. Il a aussi une action anti-infectieuse (il
contrôle, semble-t-il, la synthèse des anticorps) et antitoxique vis-à-vis des poisons chimiques et des toxines bac-
tériennes. L'acide ascorbique a donc de nombreuses propriétés, mais on n'a pas encore réussi à comprendre comment ses propriétés lui permettent de vaincre le scorbut.
Le mécanisme d'action de la vitamine C n'est pas encore
dévoilé.

SYMPTÔMES DE CARENCE

Le scorbut est la manifestation classique d'un état déficitaire de vitamine C chez l'homme. La carence peut s'instaurer à cause:
— d'un apport insuffisant en vitamine C;
— de l'augmentation du besoin à la suite de la croissance,
  d'une grossesse, de l'allaitement, d'une fatigue physi-
  que, de maladies infectieuses, etc.;
— de l'augmentation de l'élimination pour différentes
  causes;
— de l'altération de son absorption ou de la destruction
  de la vitamine introduite, par exemple, à cause de
  maladies du tube digestif.
Il faut distinguer deux types de scorbut: le scorbut de
l'adulte et le scorbut infantile.
La manifestation la plus évidente du scorbut chez l'adulte
est l'apparition d'hémorragies de la peau, sous-cutanées,
des gencives, du périoste (membrane du tissu conjonctif

qui recouvre les os), hémorragies dues au fait que le scorbut rend les parois des vaisseaux sanguins très fragiles.

Il existe également d'autres symptômes qui concernent l'appareil cardio-circulatoire et qui se manifestent par de la tachycardie, une baisse de la tension, un profond dépérissement organique, de graves troubles cardiaques qui peuvent même provoquer une mort subite.

Enfin, dans les cas de scorbut très graves il peut y avoir des hémorragies cérébrales, des altérations d'organes comme l'atrophie de la rate, du rein, du foie, l'apparition de vomissements de sang, l'évacuation de sang noir semblable à du goudron et l'apparition d'une fièvre très forte. Heureusement, le scorbut classique est une maladie rare. Les états d'hypovitaminose, par contre, le sont moins et ils peuvent provoquer une diminution de la résistance aux maladies, des gingivites, des caries, de la pyorrhée.

Le scorbut infantile se différencie du scorbut de l'adulte par l'absence fréquente d'altérations gingivales, par l'extension des hémorragies du périoste et par les graves altérations qui affectent les os. Le signe le plus évident à l'examen médical est la douleur au niveau des os, en particulier aux extrémités inférieures qui sont un peu enflées. La position des jambes qui sont légèrement fléchies sur le tronc à cause de la douleur est typique de cette maladie.

Désormais, on n'entend plus parler de véritable scorbut infantile. Des cas d'hypovitaminose C peuvent se présenter lorsque le nourrisson est allaité par une nourrice qui n'absorbe pas de quantités de vitamine C suffisantes ou bien lorsqu'il est allaité artificiellement avec du lait en poudre ou du lait dépourvu de vitamine C à la suite des traitements subis (bouilli, concentré, pasteurisé).

Il faut également remarquer que le lait de vache est très pauvre en vitamine C; il en contient 4 fois moins que le lait maternel.

> **Maladies dues à une carence en vitamine C**
>
> — Scorbut
> — Scorbut infantile

TRAITEMENT

Pour combattre le scorbut, il faut administrer de 200 à 2000 mg d'acide ascorbique par voie intramusculaire. On peut obtenir le même effet en absorbant des doses abondantes de jus d'orange frais, plusieurs fois par jour. A la place du jus d'orange, on pourra prendre du jus de tomate et dans ce cas, on doublera la quantité. En ce qui concerne le dosage, il n'y a pas lieu d'avoir peur de se tromper; des quantités mêmes abondantes de vitamine C ne provoquent aucun trouble.

La vitamine C est aussi un coadjuvant pour le traitement des anémies et des hémorragies dues à une fragilité capillaire et pour la thérapie des maladies infectieuses (en particulier la tuberculose). C'est un coadjuvant pour l'ulcère gastrique et duodénal car la vitamine C a un effet cicatrisant sur les tissus, et pour la thérapie des fractures car elle favorise la formation du cal osseux.

RISQUES ET TOXICITÉ

La vitamine C prise même en doses massives et de façon répétée ne provoque aucun trouble. On ne connaît pas de cas d'hypervitaminose C. Elle n'est absolument pas toxique, au contraire, comme nous l'avons déjà dit, elle exerce une action antitoxique à l'égard des poisons chimiques et des toxines.

Tableau IV

CONTENU EN VITAMINE C DES ALIMENTS LES PLUS COURANTS POUR 100 G DE PRODUIT LOURD	
Aliments	*Vitamine C présente dans 100 g d'aliments*
riz	non
pain	non
pâtes	non
haricots	18 mg
haricots verts	16 mg (cuits: 6 mg)
petits pois	12 mg (cuits: 8 mg)
betteraves	34 mg
brocolis	83 mg
carottes	5 mg
choux de Bruxelles	100 mg (cuits: 10 mg)
choux-fleurs	55 mg
oignons nouveaux	18 mg
choux frisés	40 mg (cuits: 5 mg)
concombres	7 mg
chicorée	7 mg
endives	7 mg
oignons	7 mg
laitue	4 mg
pommes de terre nouvelles	27 mg
poivrons	69 mg
tomates	17 mg
persil	150 mg
épinards	53 mg (cuits: 5 mg)
courgettes	19 mg
abricots	5 mg
oranges	36 mg
bananes	11 mg

Aliments	Vitamine C présente dans 100 g d'aliments
kakis	8 mg
cerises	7 mg
fraises	58 mg
fruits de rose sauvage crus	1200 mg
citrons	35 mg
mandarines	23 mg
pommes	4 mg
poires	3 mg
melons	16 mg
pêches	7 mg
groseilles	120 mg
prunes	5 mg
raisin	4 mg
viande fraîche	non
viande conservée	non
cervelle de veau	18 mg
foie de bœuf	31 mg
foie de porc	36 mg
foie de veau	non
tripe de bœuf	23 mg
poisson frais ou conservé	non
lait de vache	1 mg
fromages et laitages	non
œufs	non
graisses et huiles	non
confiture	5 mg
miel	4 mg
sucre	non
vin et bière	non

Sachons que les aliments que nous consommons le plus ne contiennent pas de vitamine C.

Citons les aliments qui forment la base de l'alimentation humaine: les protéines, les graisses, les carbohydrates ou en d'autres mots: la viande, le poisson, les fromages, les œufs, le beurre, l'huile, le pain, les pâtes, le riz, les gâteaux, le vin, la bière. En fait, la vitamine C n'est présente que dans les légumes et les fruits frais et dans le foie de bœuf et de porc. Avec si peu d'aliments à disposition, on pourrait croire qu'il est impossible de constituer un régime riche en vitamine C... tout en satisfaisant les gourmets et les gourmands. Mais en réalité, ceci n'est pas vrai; le régime vitaminisant peut être intégré au régime alimentaire habituel. Ainsi, vous pourrez continuer à manger comme bon vous semble et suivre en plus les régimes que nous vous proposons, étant donné que la vitamine C n'est pas "dérangée" par d'autres aliments et qu'il n'existe aucune substance antagoniste ni aucune antivitamine C.

Ceux qui souffrent d'hypovitaminose C ou ceux qui veulent augmenter leurs réserves de vitamine C dans l'organisme peuvent suivre un des régimes suivants.

1er EXEMPLE

	Aliments	Quantité en g	Vitamine C contenue exprimée en mg
petit déjeuner	café au lait avec pain, beurre et confiture	50	2,5
	1/2 pamplemousse	150	45,0
			47,5

	Aliments	Quantité en g	Vitamine C contenue exprimée en mg
déjeuner	ajouter au menu normal une belle salade de tomates	200	34,0
	boire de l'eau avec le jus de 2 citrons	150	52,0
	fraises au citron et sucre	150	90,0
			176,0
dîner	comme second plat: jambon avec		
	1/2 melon	500	80,0
	2 pêches	300	21,0
			101,0

Besoin journalier = 60 mg. Total de vitamine C absorbée avec le régime journalier = 324 mg.

2^c EXEMPLE

	Aliments	Quantité en g	Vitamine C contenue exprimée en mg
petit déjeuner	1/2 kg de raisin	500	20
	1 banane	150	16
			36

	Aliments	Quantité en g	Vitamine C contenue exprimée en mg
déjeuner	comme second plat: foie de porc au beurre	150	50
	pommes de terre rôties	250	60
	pêches	300	20
	melon	200	32
			162
dîner	comme second plat: salade à la grecque avec poivrons verts crus	100	69
	oignon cru	50	9
	concombres	100	7
	salade	50	3
	2 oranges	300	108
			196

Besoin journalier = 60 mg. Total de vitamine C absorbée avec le régime journalier = 394 mg.

3ᵉ EXEMPLE

	Aliments	Quantité en g	Vitamine C contenue exprimée en mg
petit déjeuner	café au lait, pain beurre et miel	40	1,6
	jus de 2 oranges	300	108,0
			109,6

	Aliments	Quantité en g	Vitamine C contenue exprimée en mg
déjeuner	pot-au-feu avec sauce verte (huile, ail, câpres, anchois, persil)	50	75,0
	1 banane	150	16,0
	2 mandarines	150	45,0
			136,0
dîner	comme second plat: foie de bœuf au beurre	150	45,0
	carottes crues assaisonnées à l'huile	100	5,0
	boire de l'eau avec le jus de 2 citrons	150	52,0
	2 oranges	300	108,0
			210,0

Besoin journalier = 60 mg. Total de vitamine C absorbée avec le régime journalier = 455 mg.

Ceux qui désirent se supervitaminiser en dehors des repas et de façon économique pourront manger quelques fruits de roses sauvages que l'on peut trouver dans la campagne ou en colline. Ce sont les baies rouges qui fructifèrent après la chute de la fleur, une petite rose sauvage à cinq pétales. Elles ont un goût plutôt acide, sont astringentes et tanniques. Il suffit de manger quelques baies pour faire "le plein" de vitamine C. En effet, 100 g de ces fruits contiennent jusqu'à 1200 mg de vitamine C. Mais atten-

tion! Ce fruit n'est pas indiqué pour ceux
constipation; son contenu élevé en tannin
gent au point qu'il est recommandé contre l[
dysenterie.

CURIOSITÉS

Si on examine la liste des substances cancérogènes ou
soupçonnées de l'être, on s'aperçoit que les substances qui
peuvent provoquer un cancer sont très nombreuses et parfois insoupçonnables. Parmi elles, il en est une dont on a
parlé souvent au cours de ces dernières années: il s'agit
des " nitrosamines" qui semble-t-il, favorisent l'apparition
de tumeurs à l'œsophage, à l'estomac et à la vessie.
Les nitrosamines sont des composés qui peuvent se former
dans l'organisme et qui proviennent d'autres substances
présentes dans les produits alimentaires. Par exemple,
elles pourraient dériver des nitrites ajoutés dans certains
produits emballés pour améliorer leur conservation et leur
aspect, ou bien de la fumée des cigarettes.
A la suite des expérimentations et des études faites, il
semble que la vitamine C entrave, voire empêche, la formation de ces nitrosamines. Si, ainsi que nous le souhai-
tons, cette propriété est confirmée, la vitamine C pourra
être employée dans la thérapie préventive des tumeurs
dues à la nitrosamine.
Saviez-vous que certains médicaments (acide acétylsalicylique, aspirine, quinine) ou certaines substances toxiques
(alcool, fumée) provoquent une augmentation de l'élimination de la vitamine C? Voilà pourquoi on a tendance à
prendre de l'acide acétylsalicylique associé à cette vitamine. Les fumeurs devraient absorber plus d'acide ascorbique que les non-fumeurs, car on a démontré qu'une
cigarette détruit 25 mg de vitamine C.

érifier quels sont les symptômes du scorbut qui relè-
nt vraiment d'un déficit en vitamine C, un savant améri-
cain, Crondon, appliqua pendant 6 mois environ un régime équilibré, mais dépourvu de vitamine C. Il eut ainsi
l'occasion d'étudier les symptômes d'une profonde avitaminose C et à un certain moment, ne résistant plus parce
qu'il était affecté d'une grave forme de scorbut, il s'injecta
de l'acide ascorbique et guérit en peu de temps.

VITAMINE P

La vitamine P va presque toujours de pair avec la vitamine C. Elle est présente dans les mêmes végétaux (agrumes, tomates, etc.) mais pas dans les substances animales
(foie, tripe, lait). Elle fut découverte assez récemment
(1936) en observant que le jus de citron présentait des
propriétés de perméabilité capillaire plus prononcées que
la quantité de vitamine C correspondante qu'il contenait.
Ceci est dû au fait que le jus de citron, outre la vitamine
C, contient également la vitamine P (Perméabilité capillaire).
Cette vitamine qui n'est pas efficace contre le scorbut a
été utilisée contre la fragilité capillaire de l'homme.
Le besoin quotidien en vitamine P est semble-t-il de 50
mg/jour.
Cette vitamine est surtout présente dans les:
agrumes (mais plus dans la peau que dans le jus)
poivrons
raisin
tomates
Elle est peu connue et certains ne la considèrent pas
comme une véritable vitamine.

Vitamines solubles dans les graisses

VITAMINE A (ou antixérophtalmique ou épythélio-protective)

INTRODUCTION

Nous avons déjà dit que la vitamine B_1, la première des vitamines solubles dans l'eau que nous avons traité dans cet ouvrage, fut aussi la première à être connue du point de vue de ses effets biologiques.

La vitamine A, la première vitamine soluble dans les graisses dont nous nous occuperons, fut la première à être découverte et c'est la raison pour laquelle elle occupe la première place dans la série alphabétique des dénominations des vitamines (vitamine A).

HISTOIRE

Les premières recherches remontent au début de ce siècle et sont dues à Steep qui constata que des rats alimentés avec du pain et du lait, mais privés de substances grasses, mouraient au bout de deux mois à la suite d'un arrêt de leur développement, d'altérations rachitiques du squelette et de lésions oculaires. Il essaya d'ajouter des graisses au simple régime de pain et de lait et observa un effet curieux: certaines graisses comme le lard, le saindoux, l'huile d'olive ne produisaient aucun effet bénéfique, tandis que le beurre et l'huile de foie de morue avaient une certaine action curative. A cette époque, le fond du problème n'était pas celui de la présence ou de l'absence de graisses dans le régime, mais fut attribué à un "facteur liposoluble", c'est-à-dire soluble dans les graisses et présent seulement dans certaines graisses. Presque à la même époque (1912), Frédérick Hopkins effectua une expérimentation analogue: il soumit de jeunes rats à un régime comprenant tous les aliments (protéines, graisse, carbohydrates) à l'état pur et tous les sels minéraux nécessaires à la vie et observa que ces animaux ne grandissaient plus et n'étaient pas en forme, tandis que d'autres rats dits de contrôle, nourris avec les mêmes aliments auxquels on avait ajouté 3 cl de lait par jour, étaient en bonne santé et se développaient normalement. Par la suite, l'expérience fut complétée en privant les rats non pas de lait frais mais de la graisse fraîche présente dans le lait. Les animaux tombèrent malades et les choses se compliquèrent à cause de l'apparition d'une altération particulière des yeux: la xérophtalmie (opacité de la cornée avec perte de la vue).

Même dans ce cas, la cause de ces troubles fut attribuée à l'absence, dans le régime, d'un facteur liposoluble présent dans la crème du lait frais. Dans un premier temps, ce "facteur" fut appelé "A-graisse soluble" et ensuite vitamine A.

On arriva ainsi à l'année 1931 sans savoir ce qu'était la vitamine A; on avait seulement pu constater qu'elle était présente dans la crème du lait et dans l'huile de foie de poisson et qu'elle était importante pour la croissance et pour combattre la xérophtalmie.

Finalement, en 1931, Karrer réussit à la séparer de l'huile de foie de poisson et à l'identifier du point de vue chimique et en 1937, Kuhn et Morris réussirent à la synthétiser par voie chimique. Cette vitamine obtenue par synthèse correspondait à la vitamine A présente chez les animaux et appelée également rétinol pour la distinguer des substances voisines et présentes uniquement dans les végétaux: les carotinoïdes. En effet, on avait remarqué à cette époque que certaines substances extraites des végétaux exerçaient les mêmes effets que la vitamine A et que le pouvoir vitaminique de ces substances était proportionnel à l'intensité de leur coloration. Par exemple, l'huile extraite des grains de maïs jaunes avait un pouvoir vitaminique nettement supérieur à l'huile extraite du maïs blanc. Ces substances colorées ayant des propriétés curatives semblables à celles de la vitamine A furent appelées "carotinoïdes" (car leur représentant le plus connu est le carotène).

C'est d'ailleurs à cause de cela que le carotène fut confondu pendant un certain temps avec la vitamine A, mais en réalité sa formule chimique est tout à fait différente. Il suffit de savoir qu'on obtient deux molécules de rétinol à partir d'une molécule de carotène.

La transformation de carotène en rétinol s'effectue dans l'organisme et plus précisément dans la paroi de l'intestin grêle.

Tandis que le rétinol est une vitamine A à tous les effets, prête à agir, le carotène et les carotinoïdes, ses semblables, sont des "provitamines" qui, avant d'entrer en action. doivent être transformées en rétinol. Ceci est d'autant plus vrai qu'en administrant du carotène par voie intramusculaire, on ne remarque aucun effet curatif dans l'hypovitaminose A, tandis qu'en l'administrant par voie orale, et en le faisant donc passer dans l'intestin grêle, les effets curatifs bénéfiques se font tout de suite sentir.

Le terme vitamine A indique aussi bien le rétinol (véritable vitamine A) que les carotinoïdes.

CARACTÉRISTIQUES

La vitamine A n'existe pas dans les végétaux, elle est exclusivement d'origine animale et se trouve dans le foie des animaux où elle s'accumule. Elle se présente comme une huile plutôt visqueuse, de couleur jaunâtre; elle s'oxyde facilement à l'air et s'altère au contact de la lumière.

Les carotinoïdes sont présents dans les végétaux et en particulier dans les fruits colorés comme l'abricot, le melon, la tomate, l'orange. Leur dénomination provient de la carotte qui est riche en carotène.

ORIGINE

La vitamine A se trouve dans la nature sous forme de rétinol, dans le foie des poissons, dans le foie de bœuf, de porc, de veau, dans la graisse du lait (crème, beurre, laitages) et dans le jaune d'œuf; sous forme de carotinoïdes (qui se transforme en rétinol dans l'organisme) on la trouve dans les épinards, les carottes, la laitue et dans les feuilles vertes en général, dans les tomates, les asperges, le maïs (jaune), les oranges, les pêches, les abricots, les melons, etc.

Autrefois, mais il n'y a pas si longtemps de cela, avant la dernière guerre mondiale, l'unique source de vitamine A utilisée dans un but thérapeutique était l'huile de foie de morue, vendue dans les pharmacies et que l'on administrait de force (à cause de son goût désagréable) aux enfants et aux adolescents afin qu'ils grandissent mieux et deviennent plus robustes. L'huile de foie de morue, objet de tourments et de peine pour les enfants de cette époque, n'était pas vraiment extraite du foie de la morue mais de celui d'autres poissons qui en contenaient de plus grandes quantités: l'anguille, le saumon, l'esturgeon qui en contiennent respectivement, 3, 4, et 10 fois plus. On l'appela "huile de foie de morue" car c'est de ce poisson qu'on l'extraya pour la première fois.

Besoin

Les quantités de vitamine A sont exprimées en unités internationales (U.I.); 1 U.I. correspond à 0,3 µg de vitamine A pure.

Le besoin quotidien est de:

1500 – 4500 U.I. chez les enfants

5000 U.I. chez les adultes

6000 U.I. chez la femme enceinte

8000 U.I. chez la femme qui allaite

Le besoin des enfants en vitamine A est élevé car durant leur croissance ils en consomment beaucoup; c'est la raison pour laquelle cette vitamine est aussi appelée "vitamine de la croissance".

Fonction

L'unique fonction vraiment connue de la vitamine A concerne le processus de la vision. En effet, nous pouvons affirmer que sans cette vitamine, nous ne pourrions pas voir. Les études, les recherches et la découverte de cette fonction, qui valurent le prix Nobel à Wald et à ses collaborateurs, furent effectuées à une époque assez récente, vers 1935.

La vitamine A a également d'autres fonctions:

— elle favorise la nutrition et le développement des tissus en général et en particulier des tissus épithéliaux (cornée, intestin, voies respiratoires), ce qui lui a valu le nom de "vitamine épithélio-protectrice";

— elle intervient dans le métabolisme de divers organes, dans la formation des hormones et dans le métabolisme des polysaccharides;
— elle joue un rôle dans la croissance. Une carence absolue en vitamine A arrête la croissance des jeunes rats par exemple, mais ceci n'est pas une de ses caractéristiques exclusives car elle n'est pas la seule à influencer la croissance; d'autres vitamines interviennent (B_6, B_{12}, acide folique), ainsi que certaines hormones, certains acides aminés et les sels minéraux.

Symptômes de carence

Un état de carence en vitamine A peut s'instaurer à cause:
— d'une introduction insuffisante de rétinol ou de carotinoïdes;
— d'une absorption intestinale anormale à cause de maladies intestinales;
— de troubles dans la transformation des carotinoïdes en vitamine A.

Chez l'homme la manifestation la plus précoce du déficit en vitamine A est l'apparition de difficultés visuelles au crépuscule. Ce symptôme d'hypovitaminose A est appelé héméralopie ou cécité nocturne. Ce symptôme est tellement caractéristique que pour évaluer le degré d'hypovitaminose A, on effectue un test en laboratoire sur la vitesse d'adaptation de l'œil à l'obscurité ou à la lumière crépusculaire.

Dans les cas plus graves, l'héméralopie peut être suivie d'altérations de la rétine et de dégénération du nerf optique.

Un autre signe de carence, plus évident et plus grave que le précédent, est la xérophtalmie, une maladie déterminée par l'altération des tissus épithéliaux. La xérophtalmie se caractérise par le dessèchement et l'opacité de la cornée dus à une inflammation de la conjonctive, à un épaississement de l'épithélium cornéen, et à un arrêt de la sécrétion lacrimale. Dans les cas plus graves, la cornée perd sa transparence normale, se couvre de petites ulcérations qui s'infectent et s'élargissent en causant ainsi sa destruction complète et en entraînant la cécité.

Le manque de protection des épithéliums dû à une avitaminose A peut se manifester aussi dans d'autres tissus et frapper aussi bien les épithéliums de revêtement que les épithéliums glandulaires. Par exemple dans le tube digestif, on peut observer des altérations des glandes salivaires, un appauvrissement des cellules épithéliales de l'intestin qui ne sécrètent plus de mucus et la destruction des villosités intestinales; dans l'appareil respiratoire, on peut observer la kératinisation des muqueuses du nez, de la gorge, des bronches; dans le système urogénital, la kératinisation de la vessie, de l'uretère, de l'utérus et du vagin peut entraîner une altération du cycle sexuel de la femme et engendrer la stérilité.

Enfin, la carence en vitamine A affaiblit la résistance des organes aux agents infectieux.

Maladies et troubles dus à un état d'avitaminose A

— Xérophtalmie
— Héméralopie
— Kératinisation des muqueuses
— Diminution des défenses contre les maladies infectieuses

TRAITEMENT

Une carence profonde en vitamine A requiert l'absorption de 100.000 U.I./jour de cette vitamine.
Pour les formes plus légères, on administrera de 25.000 à 50.000 U.I./jour de vitamine A.

RISQUES ET TOXICITÉ

Toutes les vitamines dont nous avons traité jusqu'à présent ne provoquent aucun risque d'intoxication si elles sont absorbées en quantité excessive, c'est-à-dire qu'elles ne donnent aucun trouble d'hypervitaminose. Par contre, avec la vitamine A ce risque peut exister. Comment cela s'explique-t-il? Très simplement par le fait que les vitamines prises en considération jusqu'à présent sont solubles dans l'eau et que par conséquent leur excès n'est pas éliminé dans ces dernières. Les graisses sont à leur tour transportées par le sang dans le foie et par conséquent la vitamine A, présente dans ces graisses, aboutit dans cet organe où elle s'accumule. En effet, des expériences conduites sur des animaux ont permis de constater qu'en provoquant des états d'hypervitaminose A en dose massive, le foie subissait de graves altérations, ainsi que des hémorragies intestinales et pulmonaires. Mais l'hypervitaminose A engendre des troubles graves même chez l'homme. Chez les nourrissons, une intoxication aiguë provoque de la somnolence et des vomissements, tandis qu'une intoxication chronique entraîne une perte de poids et des cheveux, une augmentation du volume du foie, des douleurs aux os. Chez les adultes, elle peut engendrer nausée, vomissements, mal de tête, doublement de la vision d'un même objet, douleurs aux os, dessèchement et desquamation de la peau, fissurations douloureuses au coin des lèvres, perte des cheveux. Tous ces troubles disparaissent en interrompant l'absorption de vitamine A. Il est curieux d'observer que l'hypervitaminose A est provoquée par un usage excessif de cette vitamine sous forme de rétinol mais non pas d'une absorption excessive de carotinoïdes. Il semble que dans ce cas l'organisme refuse de transformer les carotinoïdes en rétinol pour ne pas provoquer un état d'hypervitaminose. En d'autres termes, le corps humain se comporte comme l'interrupteur général de charge d'une batterie automobile qui intervient en bloquant le passage de courant lorsque la batterie est surchargée. Lorsqu'il y a trop de vitamine A dans l'organisme, ce dernier bloque la transformation des carotinoïdes en rétinol.

TABLEAU V

CONTENU EN VITAMINE A (RÉTINOL + CAROTINOÏDES) DES ALIMENTS LES PLUS COURANTS POUR 100 G DE PRODUIT LOURD	
Aliments	*Vitamine A présente dans 100 g d'aliments*
riz et céréales	non
farine de maïs jaune (le maïs blanc ne contient pas de vitamine A)	400 U.I.
haricots	150 »
haricots verts	380 »
petits pois	290 »
asperges	400 »
betteraves	2500 »
brocolis	2450 »
carottes	8000 »
chicorée	1800 »
champignons	non

Aliments	Vitamine A présente dans 100 g d'aliments
endives	1800 U.I.
pommes de terre	non
tomates	1300 U.I.
épinards	8450 »
courge jaune	2600 »
abricots	2200 »
oranges/mandarines	120 »
kakis	1600 »
cerises	550 »
concombres	90 »
citrons	non
melons	660 »
pêches	792 »
raisin	70 »
viande en général	presque absente
foie de bœuf	43.900 U.I.
foie de porc	14.000 »
foie de veau	22.500 »
jambon, saucisson, saucisse	non
poisson en général	100 max
lait de vache	140 U.I.
fromage style gruyère	1000 »
œuf (1 œuf entier)	440 »
jaune d'œuf	440 »
beurre	3200 »
autres graisses	non
huile d'olive et autres huiles (arachide - tournesol, etc.)	non
confiture	210 »
miel, sucre	non
bière, vin	non

RÉGIMES JOURNALIERS AYANT UN CONTENU ÉLEVÉ EN VITA-MINE A

Ier EXEMPLE

	Aliments	Quantité en g	Vitamine A contenue exprimée en U.I.	
petit	café-lait	200	280	
déjeuner	pain/biscottes	2 t.ches	non	
	beurre	20	640	
	confiture	20	42	
	jus de 2 oranges	300	360	
				1322
déjeuner	jambon et melon (melon)	250	1650	
	tranches de foie de bœuf au beurre	150	65000	
	épinards à l'huile et au citron	100	8450	
	chicorée (salade)	100	1800	
	2 pêches	300	2300	
				79200
dîner	riz et courge	100	2600	
	fromage (style gruyère)	80	960	
	endives	100	1800	
	carottes crues à l'huile	100	8000	
	cerises	100	550	
	abricots	100	2200	
				16110

Besoin quotidien = 5000 U.I. Total de vitamine A absorbée avec le régime quotidien = 96632 U.I.

	Aliments	Quantité en g	Vitamine A contenue exprimée en U.I.
petit déjeuner	œufs au beurre avec jambon	2 œufs	880
	jus de 2 oranges	300	360
			1240
déjeuner	pâtes au beurre	30	960
	viande à volonté	150	non
	brocoli	250	610
	chicorée	70	1200
	2 kakis	200	3200
			5970
dîner	riz au beurre	30	960
	truite bouillie et mayonnaise (œuf)	1/2 j.	240
	épinards à l'huile et au citron	200	16900
	endives	70	1260
	pêches	150	1100
	melon	300	1980
			22440

Besoin journalier = 5000 U.I. Total de vitamine A absorbée avec le régime quotidien = 29650 U.I.

"Faudrait-il manger du foie tous les jours"? vous demanderez-vous? "Et ne fallait-il pas déjà en manger pour emmagasiner les vitamines B_1, B_2, PP, C?" Ceci est vrai, mais vous n'êtes pas obligés de suivre tous les jours les régimes que nous vous proposons. Avec un peu d'imagination et en vous basant sur les données des tableaux, vous pourrez préparer chaque jour des régimes variés.

Dans le premier exemple de régime quotidien, nous avons voulu insérer encore une fois le foie parce que, comme nous l'avons déjà dit précédemment, c'est justement dans cet organe que s'accumule la vitamine A et c'est donc dans le foie que nous la trouvons en abondance, aussi bien sous forme de rétinol que de carotinoïdes.

Dans nos deux exemples de régime, nous n'avons pas pris en considération le pain et d'autres accompagnements que le beurre, car le pain (de même que les pâtes, le riz, etc.) et l'huile d'olive ou d'arachides, etc. ne contiennent pas de vitamine A.

VITAMINE D (ou antirachitique)

HISTOIRE

L'histoire de la vitamine D est strictement liée à l'histoire du rachitisme, maladie qui consiste en un déficit de la calcification des os qui perdent leur rigidité, deviennent mous et se déforment.

Cette maladie est connue depuis l'Antiquité puisque Platon, le philosophe athénien, élève de Socrate, parlait déjà dans ses écrits en l'an 400 av. J. C. "d'os mous et cireux", tandis qu'à une époque moins lointaine, en 1650, l'Anglais Glisson publiait un véritable traité en latin dans lequel il décrivait avec précision et de manière complète cette maladie qui était très répandue en Angleterre, ce qui lui valut le nom de "maladie anglaise". Si cette maladie était donc bien connue, ce n'était pas le cas de son origine ni de ses remèdes. Cependant, vers la fin du XVIIIᵉ siècle, on avait compris que le rachitisme frappait surtout les enfants qui vivaient enfermés dans les villes, dans les contrées peu ensoleillées; l'Angleterre avec son brouillard, ses pluies fréquentes et son faible ensoleillement était particulièrement touchée par cette maladie.

On avait également remarqué que les enfants affectés de rachitisme subissaient une nette amélioration quand ils étaient exposés au soleil ou aux radiations ultraviolettes. Mais ce ne fut que plus tard, vers 1925, que divers auteurs découvrirent en même temps les causes de cette maladie ainsi que les remèdes pour la soigner. Tout d'abord, on observa que pour soigner les enfants frappés de rachitisme, il n'était pas nécessaire de les exposer eux-mêmes au soleil, mais plutôt les aliments dont ils se nourrissaient.

Il s'agissait donc de découvrir quels étaient les aliments qui étaient aussi réactifs au soleil. A la suite d'expérimentations faites par Mellanby sur de nombreux chiens, on conclua que diverses huiles et graisses pouvaient contenir la substance capable de soigner le rachitisme. Tandis que Collum démontrait (1922) que cette substance pouvait être l'huile de foie de morue, Steenbock (1925) pensait au contraire qu'elle pouvait se former en soumettant certains lipides à des radiations de lumière ultraviolette. Et étant donné que ces lipides appartenaient aux stérols (une certaine catégorie de substances grasses), on crut que le cholestérol était la substance capable de soigner le rachitisme. En fait, il fut démontré qu'il s'agissait d'une substance semblable: l'ergostérol qui est toujours présent dans le cholestérol et qui, pour devenir actif, doit être irradié par des rayons ultraviolets.

Outre cette vitamine, qui provient de l'ergostérol irradié par les rayons ultraviolets et qui fut appelée vitamine D_{12}, une autre vitamine fut isolée par Brockmann en 1936 à partir de l'huile de foie de thon et fut baptisée D_3 pour pouvoir la distinguer de la précédente. Il s'agit d'une vitamine naturelle, présente dans l'huile de foie des poissons, et qui agit directement sans aucun traitement préalable. La D_2 provient à son tour d'une provitamine (l'ergostérol) qui doit être irradiée avec des rayons ultraviolets pour se transformer en D_2.

A part ces vitamines, on connaît aujourd'hui d'autres vitamines D obtenues en irradiant d'autres provitamines avec des rayons ultraviolets (stérols): la D_4, D_5, D_6, mais nous n'en parlerons pas car leur efficacité biologique est faible.

CARACTÉRISTIQUES ET PROPRIÉTÉS

La vitamine D (D_2 et D_3) est soluble dans les graisses, résiste bien aux acides, aux alcalins et à la chaleur. La vitamine D naturelle est la D_3; elle provient uniquement du règne animal. Les végétaux n'en contiennent pas; ils contiennent à la rigueur des provitamines D, mais ils ne sont pas en mesure de les activer. Par contre, les hommes et les animaux en général peuvent transformer les provitamines D présentes dans la peau en vitamine D en s'exposant au soleil et par conséquent aux rayons ultraviolets. Voilà pourquoi on soigne les enfants rachitiques en les exposant au soleil. Il faut enfin remarquer que parmi ces provitamines présentes dans la peau, la provitamine naturelle D_3 peut être produite par les animaux en déshydrogénant le cholestérol présent dans l'organisme. En d'autres termes, les animaux n'ont pas strictement besoin d'absorber des vitamines D car ils sont en mesure de les fabriquer eux-mêmes.

Origine

La vitamine D est très peu répandue dans la nature; on la trouve seulement dans les produits du règne animal. Elle est présente chez les poissons de mer et en particulier dans l'huile de foie de poisson, dans le jaune d'œuf, et en petites quantités, dans le beurre et dans le lait.

Besoin

Les valeurs de vitamine D sont exprimées en unités internationales (U.I.); 1 U.I. correspond à 0,025 de vitamine D_3.

Le besoin moyen quotidien est de:

800 U.I. pour les nourrissons

400 U.I. pour les enfants

400-600 U.I. pour les femmes enceintes

800 U.I. pour les femmes pendant l'allaitement

Chez les adultes (après 22 ans), le besoin en vitamine D est nul.

Fonction

La vitamine D favorise l'absorption intestinale du calcium et du phosphore et leur fixation dans la matrice osseuse sous forme de sels minéraux pour former des os bien solides et rigides. On ne sait pas encore de quelle manière se déroule çe processus. Le peu de choses que l'on sait à ce propos est:

1. Que la vitamine D réussit à augmenter, dans les cellules épithéliales de l'intestin, la production d'une protéine capable de lier le calcium qu'elle met par la suite en circulation.

2. On a constaté qu'après l'absorption de fortes doses de

vitamine D, la quantité de calcium contenue dans le plasma du sang augmente de façon remarquable.

3. De même, on a constaté que de fortes doses de vitamine D rendent le milieu intestinal acide, permettant ainsi au phosphate de calcium de passer en solution et d'être absorbé alors que, lorsqu'il se trouve en milieu alcalin, ce phosphate est insoluble et est perdu puisqu'il est éliminé avec les selles.

Mais, quelle relation ont le calcium, le phosphore et le phosphate de calcium avec la vitamine D? Il faut savoir à ce propos que la fermeté, la solidité, la rigidité des os dépendent de la présence de substances minérales, pour la plupart des sels de calcium, ces derniers participant souvent à la constitution des roches. Dans les os, le calcium est souvent présent sous forme de phosphate de calcium, un sel formé de calcium et de phosphore qui sont des éléments chimiques présents dans le plasma du sang. Ajoutons pour plus de précision que 100 cc de plasma d'un enfant sain contiennent de 8 à 10 mg de calcium et de 4 à 5 mg de phosphore. Il est important que le produit mg de calcium × mg de phosphore, qui normalement est égal à 40 (dans la proportion de 8 × 5 ou 10 × 4), ne soit jamais inférieur à cette valeur; lorsque cette valeur est inférieure à 40, on est en présence de rachitisme.

Nous venons d'affirmer que la vitamine D est en mesure d'augmenter la quantité de calcium dans le plasma; on a pu observer des augmentations de 8 à 10 mg (valeur normale) à 15-20 mg, après l'absorption de fortes doses de vitamine D.

Avec des valeurs aussi élevées de calcium dans le sang, il est bien improbable que le produit mg de calcium × mg de phosphore soit inférieur à 40 et par conséquent, le danger du rachitisme est tout à fait écarté. En ce qui concerne le point 3, il faut expliquer que les selles des enfants rachitiques sont légèrement alcalines, tandis que celles d'enfants non rachitiques sont légèrement acides. La chimie nous enseigne que le phosphate de calcium devient un précipité dans un milieu alcalin, tandis qu'il est parfaitement soluble dans un milieu acide. Lorsqu'ils sont en solution, le calcium et le phosphore ne restent plus liés entre eux, mais sont indépendants l'un de l'autre, pouvant être ainsi absorbés et passer dans le sang. Et bien, la vitamine D réussit à transformer les selles des rachitiques qui d'alcalines deviennent acides et à rendre ainsi le calcium et le phosphore absorbables, alors que normalement ils seraient éliminés avec les selles.

SYMPTÔMES DE CARENCE

La carence en vitamine D détermine l'apparition de cette grave maladie qu'est le rachitisme et qui consiste en un déficit de la calcification des os qui perdent leur rigidité, se déforment, se courbent en donnant lieu à des altérations et des déformations visibles du squelette.

La maladie frappe les enfants, en particulier entre 6 mois et 3 ans, mais elle peut également se manifester durant la puberté (rachitisme tardif). Un des premiers symptômes du rachitisme est l'apparition de zones d'ossification dégénérées qui se caractérisent surtout par des zones de ramollissement de la trame osseuse du crâne. L'os se laisse facilement comprimer en raison d'un manque de rigidité causé par une diminution du dépôt de calcium. En outre, on observe souvent des épaississements et des protubérances localisées dans le crâne, en particulier sur les os pariétaux, l'os frontal et parfois un aplatissement de l'occiput et de la voûte crânienne.

Un autre signe important du rachitisme est l'épaississement et le gonflement des jonctions costales (chapelet rachitique) qui comporte un aplatissement latéral du thorax et l'avancement du sternum (poitrine de pigeon, poitrine en forme de bréchet). Une autre caractéristique est le gonflement des chevilles et des poignets et la déformation des membres, surtout des membres inférieurs, avec la flexion des jambes en arc vers l'intérieur ou l'extérieur, ainsi que la déformation de la colonne vertébrale (scoliose). Il ne faut pas oublier les troubles de la dentition (émail fissuré, creusé, dentition retardée) et une atonie musculaire évidente qui peut causer des difficultés ou un retard de la marche et, enfin, des altérations du foie, des reins et du système nerveux. Chez les adultes, les manifestations de carence en vitamine D sont moins graves que chez les enfants et portent le nom d'ostéomalacie et non pas de rachitisme. Généralement, les premiers symptômes de cette maladie sont de la faiblesse et des douleurs indéterminées généralisées qui peuvent obliger le malade à garder le lit en cas d'aggravation de la maladie; les os perdent leur rigidité, deviennent sujets à des déformations (courbure des jambes) et à des fractures spontanées. Le processus de décalcification des os qui s'instaure avec l'ostéomalacie affecte surtout le bassin, le thorax, la colonne vertébrale, mais aussi les membres (comme nous l'avons déjà vu).

L'ostéomalacie est plutôt rare de nos jours, surtout celle qui est due à une carence alimentaire. Mais elle peut néanmoins se manifester à la suite d'une mauvaise absorption intestinale du calcium, à cause d'un manque de calcium et de phosphore dans le sang ou d'une élimination excessive de ces substances de la part des reins à la suite de maladies (néphropaties) ou encore, à cause d'une augmentation du besoin en vitamine D due à des états tout à fait particuliers comme la grossesse ou bien encore l'allaitement.

Maladies dues à une carence en vitamine D
— Rachitisme
— Ostéomalacie

TRAITEMENT

En cas de rachitisme déclaré, le traitement prévoit une administration de 40.000 à 100.000 U.I. (de 12 à 30 mg) par jour de vitamine D. Pendant le traitement, on contrôlera la calcémie (calcium présent dans le sang) pour éviter un super-dosage de vitamine D: danger d'hypervitaminose! En cas de rachitisme léger, on administrera de 2000 à 4000 U.I. (de 0,6 à 1,2 mg) par jour de vitamine D pendant 1 à 2 mois.

RISQUES ET TOXICITÉ

L'absorption de vitamine D, comme dans le cas de la vitamine A, doit être limitée pour ne pas risquer un état d'hypervitaminose. En effet, chez certains sujets, des administrations quotidiennes de 5.000 U.I. à peine peuvent être toxiques. C'est la raison pour laquelle il faut contrôler la calcémie dans le traitement contre le rachitisme déclaré. Les troubles qui apparaissent en cas d'hypervitaminose D sont tout d'abord la fatigue, la perte de l'appétit, la nausée, les vomissements, la soif excessive; puis la perte de poids, la dépression mentale et parfois les diarrhées accompagnées de coliques abdominales. Mais ce qui est pire, c'est que l'hypervitaminose D provoque des dépôts de calcium anormaux dans des tissus comme le rein (calculs rénaux), dans les vaisseaux sanguins, ce qui provoque un durcissement des artères et la perte de leur élasticité dans le cœur, dans les muscles et les articulations. Ces calcifications peuvent également s'effectuer dans la peau, dans l'estomac, dans les poumons, dans la thyroïde en créant, dans certains cas, des altérations de ces organes importants.

AUTRES DONNÉES ET CONSIDÉRATIONS

Nous avons déjà dit que la vitamine D est très peu répandue dans la nature, puisqu'elle est pratiquement absente dans les végétaux et présente uniquement dans quelques produits animaux. Les produits qui en contiennent le plus sont les suivants:

— huile de foie de turbot: contient 60.000 U.I. pour 100 cc

— huile de foie de morue: contient 85.000 U.I. pour 100 cc

— huile de foie de thon à nageoire bleue: contient 4.000.000 U.I. pour 100 cc

— foie, beurre, jaune d'œuf: contiennent de 10 à 20 U.I. pour 100 g

— lait: en contient de très petites quantités

Les produits contenant de la vitamine D étant aussi limités, il peut sembler à première vue très difficile pour l'homme de se procurer les quantités de vitamine D dont il a besoin. Mais pratiquement ce problème ne se pose pas car ce manque externe de vitamine D est pallié grâce à la production endogène de l'organisme; c'est-à-dire, comme nous l'avons déjà dit, que notre corps "fabrique" la vitamine dont il a besoin en transformant les provitamines présentes dans la peau en vitamine D grâce à la simple exposition à la lumière du soleil et il est en outre capable de préparer, grâce à la déshydrogénation du cholestérol présent dans l'organisme, la plus importante de ces provitamines, la provitamine naturelle D_3. Un apport externe de vitamine D peut être nécessaire pour les nourrissons prématurés ou nourris avec du lait artificiel ou encore dans le cas de manque d'exposition au soleil ou aux rayons ultraviolets. De nos jours, les conditions d'assistance à l'enfance se sont beaucoup améliorées (dispensaires d'assistance gratuite pour les nourrissons, colonies héliothérapiques gratuites, assistance en pédiatrie dans les maternelles, les crèches, etc.) et le rachitisme ne représente plus un problème social infantile. On observa à la rigueur quelques cas légers de rachitisme dans certaines zones rurales dépourvues d'une assistance appropriée ou en raison de la conviction erronée que le lait maternel est un aliment qui n'a pas besoin d'autres additifs (alors qu'il ne comporte pas de vitamine D), ou bien dans les grandes villes industrielles du Nord où la possibilité de s'exposer au soleil fait défaut pendant de longues périodes et où le brouillard persistant absorbe et retient les radiations ultraviolettes nécessaires pour transformer les provitamines de la peau en vitamine D.

Cependant, il ne faut pas croire que la lumière du soleil soit indispensable à la réalisation de ces réactions photochimiques; en effet, des radiations de lumière comprises entre 250 et 310 mμ (les millimicrons sont les millionièmes du millimètre) sont tout à fait suffisantes. Et pour disposer de cette lumière, il suffit d'acheter une lampe à rayons ultraviolets (il existe aussi des modèles économiques) et de s'exposer aux rayons tous les jours pendant quelques minutes. Bien sûr, ceci est moins amusant que d'aller à la montagne, lieu idéal, puisque les rayons ultraviolets y sont plus actifs en raison d'une plus grande transparence de l'air, mais ainsi avec peu de frais, nous aurons obtenu le même effet thérapeutique et même meilleur puisque nous pourrons irradier la peau de tout le corps et pas seulement celle du visage et des mains, en obtenant en plus un bronzage total.

CURIOSITÉS

On pourra se demander: "Mais les esquimaux, comment font-ils pour éviter le rachitisme puisqu'ils ne voient jamais le soleil pendant les longs mois de la nuit polaire?" La réponse est simple. Les esquimaux ont toujours utilisé la vitamine D! Etant donné qu'ils se nourrissent surtout de poissons, ils ont toujours consommé et fait consommer à leurs enfants de l'huile de foie de poissons qui, comme nous le savons, est riche en vitamine D. "Et les noirs qui ont trop de soleil, ne risquent-ils pas de subir des hypervitaminoses?" Pas le moins du monde. Au contraire, ils peuvent souffrir d'hypovitaminose D. En effet, les populations noires, à cause de la pigmentation élevée de leur peau sont peu sensibles aux radiations ultraviolettes et présentent par conséquent une faible production endogène de vitamine D.

VITAMINE E (vitamine antistérilité)

INTRODUCTION

Avant d'entreprendre la description de cette vitamine, nous avons jugé utile de faire une petite mise au point. En effet, pendant de nombreuses années, on avait tout d'abord cru, puis espéré et enfin on s'était donné l'illusion que la vitamine E représentait un remède contre la stérilité, qu'elle favorisait la reproduction et qu'elle rendait l'homme et la femme plus féconds. Et certaines person-

nes, plus fantaisistes que les autres croyaient que la vitamine E avaient des propriétés aphrodisiaques.

Nous regrettons de devoir décevoir tous ceux qui ont
encore de telles convictions, mais aujourd'hui, on peut
clairement affirmer que la vitamine E n'a aucune influence sur la reproduction de l'espèce humaine et n'a
absolument aucune efficacité en ce qui concerne l'activité
sexuelle.

Mais alors, pourquoi l'a-t-on baptisée "vitamine de la
fécondité", "vitamine antistérilité", "vitamine de la reproduction"? Tout simplement parce que ces propriétés ont
été vérifiées sur les rats et sur les poules (elles pondent
plus d'œufs), mais aucune action sur l'homme n'a jamais
pu être mise en évidence.

HISTOIRE

En 1921, Evans et Bishop observèrent que des rats alimentés avec un régime à base d'amidon, de caséine, de
lard, de beurre, des sels minéraux indispensables et de
levure de bière, ne pouvaient pas procréer et, tandis que
le mâle devenait peu à peu stérile, la femelle ne réussissait
pas à porter sa grossesse à terme car le fœtus mourait et
était absorbé et digéré par l'organisme maternel. Alors
que la simple adjonction de petites quantités d'autres éléments au régime (germes de blé ou feuilles fraîches de
laitue) éliminait complètement les inconvénients cités et
les rats pouvaient à nouveau se reproduire normalement.
Les deux savants pensèrent que les aliments ajoutés contenaient une substance jusqu'alors inconnue qui était capable de rendre les rats féconds; ils la baptisèrent vitamine E
ou vitamine antistérilité. Ce n'est qu'en 1936 qu'elle fut
isolée de l'huile de grains de blé et fut appelée "tocophérol" (du grec = *tokos* "accouchement", rad. de *pherein*

"transporter", et suffixe *-ol*). Elle fut préparée synthétiquement par le chimiste Karrer.

On observa que la vitamine E n'est pas un composé simple; on extraya à partir des produits naturels 4 composés différents, très semblables entre eux, caractérisés par les quatre premières lettres de l'alphabet grec précédant le nom commun tocophérol. Leur activité vitaminique E est très différente: l'α-tocophérol, par exemple, est deux fois plus actif que le β-tocophérol.

ORIGINE

La vitamine E est répandue aussi bien dans le règne végétal que dans le règne animal. La source la plus riche est le germe de blé. Et étant donné que la vitamine E est liposoluble, nous la trouvons en abondance dans l'huile de grains de blé, de maïs, de tournesol, de soja, d'arachide, etc. Elle est présente dans la laitue, dans les épinards, dans les feuilles vertes des autres légumes en général et en petites quantités dans les tomates et dans les fruits. On la trouve aussi dans le jaune d'œuf et, en faibles proportions, dans la viande et le lait.

Certains traitements chimiques effectués pour des raisons commerciales sur les huiles végétales et sur d'autres aliments provoquent une certaine perte de vitamine E. La conservation domestique des aliments et surtout leur cuisson provoque également des pertes. Enfin, la vitamine E est instable à l'oxygène de l'air.

BESOIN

Le besoin de l'homme en vitamine E est difficile à établir, car il dépend du type et de la quantité des graisses introduites dans l'organisme. En outre, la quantité de vitamine

E nécessaire augmente lorsqu'on remplace les graisses végétales par des graisses animales, étant donné que ces derniers sont moins riches en vitamine E.

Il est difficile d'établir le besoin quotidien pour une autre raison puisque la vitamine E peut être emmagasinée en grandes quantités par l'organisme. Il suffit de penser que grâce à un seul repas, on peut faire une réserve exceptionnelle de vitamine E qui peut durer un ou deux ans, contrairement, par exemple, à la vitamine C qui doit être absorbée quotidiennement. Voici à titre indicatif le besoin moyen quotidien en vitamine E:

5 – 10 mg chez les enfants

5 – 15 mg chez les adultes

FONCTION

Nous devons tout d'abord dire que le rôle de la vitamine E chez l'homme est encore mal connu. En revanche, il est clair que la vitamine E ne prolonge pas l'activité reproductrice et n'influence en aucune façon le processus de la fécondation.

La fonction biologique exercée par cette vitamine sur les animaux est encore plutôt obscure. On pense qu'elle dépend au moins en partie d'une forte activité anti-oxydatrice. En effet, tous les auteurs sont d'accord pour affirmer qu'elle se comporte comme un anti-oxydant vis-à-vis des cellules et des tissus de l'organisme. Elle empêche l'oxygène de se combiner avec d'autres substances comme les graisses animales et végétales et de ce fait, elle évite leur rancissement. En outre, elle protège l'intégrité de la vitamine A en retardant son oxygénation. C'est la raison pour laquelle on associe souvent la vitamine E à la vitamine A dans certaines thérapies, car la destruction de la vitamine A étant retardée, on peut par conséquent diminuer son dosage. Il faut noter également que cette propriété anti-oxydante est utilisée pour la bonne conservation des aliments et des huiles végétales.

SYMPTÔMES DE CARENCE

Il n'existe pas de signes concrets qui démontrent l'existence d'une avitaminose E déclarée chez l'homme. Les tentatives d'employer la vitamine E contre l'avortement habituel et dans la thérapie de la dystrophie musculaire n'ont donné aucun résultat chez l'homme.

Par contre, les symptômes de carence en vitamine E chez les animaux soumis à des expériences sont bien connus. Mais même dans ce cas, il faut dire que ces états de carence varient selon les diverses espèces animales.

Nous avons déjà vu que des rats soumis à des régimes dépourvus de vitamine E ne sont plus capables de procréer. Chez les femelles, les embryons se développent normalement pendant quelques jours, mais ensuite meurent et sont réabsorbés. Chez les mâles, on observe une dégénération du tissu germinatif des testicules qui entraîne leur stérilité.

En administrant de la vitamine E pendant les premiers jours de la grossesse, celle-ci est portée à terme normalement, alors que la dégénération des testicules provoquée chez les mâles est irréversible: le mâle restera stérile. Cependant, ces effets ne se vérifient que chez les rats.

Chez d'autres animaux comme le lapin, le bouc, le bœuf, les mâles ne sont pas frappés, leurs femelles le sont. Au contraire, chez les cobayes, seuls les mâles sont atteints.

Une autre manifestation fréquente de l'avitaminose E est une forme de dystrophie musculaire qui touche le rat, le lapin, le cobaye, la chèvre, mais pas le poulet. Cette dystrophie musculaire qui est un trouble grave de la nutrition des muscles peut provoquer la mort si les conditions de carence vitaminique se prolongent. Au contraire, si on intervient à temps en administrant la vitamine E de façon appropriée, les animaux déjà dystrophiques guérissent complètement.

Enfin, l'avitaminose E peut conduire à une forme d'anémie qui a été observée grâce à des expérimentations effectuées en laboratoire sur des singes. A ce propos, il faut noter que la création d'une carence en vitamine E requiert beaucoup de temps (dans le cas des singes, plus de 500 jours) car cette vitamine se laisse emmagasiner en grandes quantités dans l'organisme (dans le foie, le pancréas, la rate, les graisses sous-cutanées) et il faut donc un long moment avant que les réserves soient épuisées.

L'anémie due à une avitaminose E est la conséquence d'une fragilité marquée des globules rouges qui se "cassent" et se détruisent. Pour conclure, nous pouvons affirmer qu'il n'existe chez l'homme aucune maladie réelle due à une carence en vitamine E.

TRAITEMENT

La vitamine E n'est pratiquement pas utilisée comme vitamine chez l'homme, mais elle est employée pour la thérapie de diverses conditions pathologiques qui n'ont rien à voir avec les états d'avitaminose E. A titre indicatif, on peut préciser qu'un traitement de vitamine E prévoit l'administration de:

5 mg/jour chez le nourrisson
30-50 mg/jour chez l'enfant et l'adulte

RISQUES ET TOXICITÉ

La vitamine E est pratiquement inoffensive. Des expérimentations effectuées chez l'homme ont démontré que l'absorption de doses même massives de vitamine E pendant une longue période n'a provoqué aucun effet sérieux.

Des essais analogues effectués sur des animaux ont prouvé que des excès en vitamine E entraînent des augmentations de vitamine E et K et provoquent un ralentissement de la croissance.

Aucun besoin diététique n'a été recommandé pour cette vitamine et aucun régime n'a jamais été suggéré.

CURIOSITÉS

"Voulez-vous prolonger votre vie de 20 à 30 ans? Prenez de la vitamine E". Ce conseil, qui pourrait être un slogan publicitaire des producteurs de vitamine E, est en réalité la conclusion d'un congrès de gériatrie qui s'est tenu il y a quelque temps à Varsovie et au cours duquel on a affirmé que la vitamine E, prise à fortes doses, agit comme une substance vaso-dilatatrice et par conséquent, améliore l'irrigation sanguine dans tout le corps.

Cette affirmation est-elle vraie? Il semble que oui car cette propriété de la vitamine E a été confirmée par un groupe de savants israéliens et des expérimentateurs russes.

En vérité, certains sont même allés très loin en déclarant qu'un homme pouvait vivre plus de cent ans en absorbant un mélange de vitamine A, B, C et surtout de vitamine E, à doses élevées. Mais il est également vrai que cette personne s'est retrouvée en prison pour escroquerie à la suite d'une plainte de l'Ordre des Médecins. Cependant, il ne s'agissait pas d'un charlatan; c'était un médecin belge, spécialiste en gériatrie qui, une fois sorti de prison, fut proposé comme candidat au prix Nobel à cause de ses études sur le prolongement de la vie de l'homme.

Que faut-il donc en conclure? Nous vous conseillons avant de prendre tous les jours des doses massives de vitamine E d'écouter l'avis de votre médecin ou de demander à ce fameux gériatre (qui s'appelle Hermann Le Compte) comment il va, quel âge il a et quel âge il lui semble avoir, combien de vitamine E il prend chaque jour et... jusqu'à quel âge il pense pouvoir vivre.

VITAMINE K (ou antihémorragique ou de la coagulation)

Pourquoi s'appelle-t-elle précisément vitamine K?
C'est le savant danois Henrick Dam qui la découvrit et qui voulut la nommer de cette manière; en effet, après avoir constaté la grande importance de cette vitamine dans la coagulation du sang, il la baptisa "K" comme *Koagulation* (en danois).

HISTOIRE

La découverte de la vitamine K eut lieu en 1929 à la suite d'études conduites par Dam concernant une maladie hémorragique qui affectait les poussins et dont les conséquences étaient mortelles. Il soumit pendant plusieurs mois des poussins à un régime synthétique comprenant des carbohydrates, des protéines, des graisses, auxquels il additionna des vitamines A et D (sous forme d'huile de foie de morue) et B (sous forme de levure). Etant donné qu'au bout d'un certain temps les poussins souffraient d'un état hémorragique semblable à celui qui dérive du scorbut, il essaya d'ajouter aux autres vitamines la vitamine C, antiscorbutique. Mais il n'obtint aucun résultat. Il remarqua cependant que les hémorragies ne dépendaient pas d'une fragilité capillaire qui se serait instaurée comme dans le cas du scorbut, mais d'un déficit de la coagulabilité du sang. On prouva par la suite que le remède contre cette maladie dépendait d'une nouvelle substance liposoluble extraite pour la première fois des feuilles d'une herbe médicinale et que Dam proposa d'appeler vitamine K, comme nous l'avons déjà expliqué.

Plus tard, cette vitamine fut préparée par synthèse chimique.

CARACTÉRISTIQUES ET PROPRIÉTÉS

La vitamine K n'est pas un produit simple, mais un complexe de vitamines K. On connaît deux formes de vitamines K naturelles: la K_1 et la K_2.

La K_1 est une vitamine naturelle végétale extraite pour la première fois des feuilles vertes d'une herbe médicinale appelée "alfa" et par la suite, de feuilles d'autres plantes; elle se présente comme une substance huileuse de couleur jaune.

La vitamine K_2 par contre est une vitamine naturelle animale extraite pour la première fois de la chair du poisson, mais qui est également produite par diverses bactéries; c'est une substance cristalline de couleur jaune. Son activité vitaminique est inférieure à celle de la vitamine K_1.

La K_1 comme la K_2 sont toutes deux solubles dans les graisses et sont sensibles à la lumière et aux alcalins.

Il existe également d'autres vitamines K non naturelles mais produites synthétiquement. Parmi ces dernières, la plus importante est la K_3 qui a la particularité d'être soluble dans l'eau.

La vitamine K_1 (d'origine alimentaire) et la vitamine K_2 (produite par la flore intestinale) s'accumulent dans les tissus animaux et en particulier dans le foie.

La vitamine K n'est pas très répandue dans la nature, et particulièrement dans les produits du règne animal. Les végétaux, par contre, en contiennent des quantités plus importantes. On la trouve surtout dans toutes les feuilles des plantes bien exposées au soleil, et non pas dans celles qui restent à l'ombre ou dans des lieux protégés. On la trouve en abondance dans les feuilles de l'herbe alfa et dans les épinards; elle est présente dans les choux, dans les tomates, dans les petits pois et également dans la bale de riz, dans la viande de bœuf (en particulier dans le foie), dans les œufs. La levure n'en contient pas. Même si elle n'est pas très répandue dans la nature, ceci ne crée aucun problème pour l'homme, car le syndrome hémorragique qui affecte les poulets soumis à un régime carent en vitamine K frappe les oiseaux en général, mais non pas les mammifères, ni par conséquent l'homme. En effet, les mammifères fabriquent cette vitamine, grâce aux bactéries intestinales qui sont capables de synthétiser la K_2.

Voici donc une autre source de vitamine K: les bactéries. A part ces micro-organismes que nous pouvons définir comme "bénéfiques", la vitamine K est également présente dans les bactéries de la colite, dans les vibrions du choléra et dans les bacilles de la tuberculose qui sont tous particulièrement riches en vitamine K.

BESOIN

Etant donné que la vitamine K est produite par la flore bactérienne intestinale, et que personne n'a pu préciser la quantité produite quotidiennement, il est difficile d'établir le besoin journalier. Cependant, on indique normalement une quantité de 1 mg de vitamine K pour les nourrissons et de 4 mg pour les adultes.

La vitamine K est essentielle pour les processus de coagulation du sang. Sans elle, le sang ne pourrait pas se coaguler et par conséquent, la rupture d'un vaisseau sanguin pourrait provoquer une perte de sang continue (hémorragie) qui aboutirait, dans les cas extrêmes, à une perte de tout le sang de l'organisme. Cette vitamine est donc très importante et même indispensable à la vie de l'homme.

En vérité, et cela peut sembler paradoxal après ce que nous venons de dire, la vitamine K ne joue pas un rôle direct dans le processus de la coagulation, en fait elle n'y participe pas du tout. Ainsi, l'adjonction de vitamine K, effectuée "in vitro" (c'est-à-dire en laboratoire, dans un récipient en verre) dans du sang normal ou dans du sang provenant d'un sujet affecté d'avitaminose, ne modifie absolument pas la vitesse de coagulation du sang. Mais alors quel est le rôle de la vitamine K dans la coagulation du sang? Elle a une fonction bien définie mais pour donner une réponse à cette question, nous devons approfondir la question.

La coagulation du sang s'effectue à la suite de la formation d'une structure réticulaire (constituée de cellules et de fibres réunies en réseau) qui retient, tel un filtre, les globules rouges, le plasma, les plaquettes du sang, et qui en adhérant à la partie blessée du vaisseau sanguin, bouche pour ainsi dire le "trou" et bloque l'hémorragie.

Quant aux fibrines, elles proviennent d'une modification du "fibronogène" (protéine du plasma sanguin) sous l'action de la "thrombine" (une protéine enzymatique présente dans le sang) qui provient à son tour de la "prothrombine". Et bien, c'est à la fin de cette chaîne de réactions qu'intervient la vitamine K et qu'elle joue un rôle fondamental. En effet, la prothrombine est produite en continuation par le foie, mais seulement en présence de vitamine K. Sans cette vitamine, le foie ne serait pas en mesure de la produire. La vitamine K ne fait pas partie de la constitution moléculaire de la prothrombine, mais agit comme catalyseur en stimulant sa production. Voilà pourquoi nous disions qu'elle ne participe pas directement au processus de coagulation mais que son importance est néanmoins incontestable puisqu'elle permet, grâce à sa présence, la réalisation d'une série de réactions qui détermine le processus de la coagulation du sang et dont elle est l'élément de tête.

Symptômes de carence

Chez l'homme, une avitaminose K due à une absorption déficitaire de cette vitamine est pratiquement impossible puisque la vitamine synthétisée par la flore bactérienne intestinale couvre les besoins nécessaires.

Cependant, un état d'avitaminose peut tout de même s'instaurer pour d'autres raisons. Etant donné que la vitamine K est soluble dans les graisses, elle est absorbée par l'intestin selon le même mécanisme par lequel sont absorbées les graisses. Par conséquent, lorsque l'absorption des graisses est empêchée ou compromise pour une raison quelconque, l'absorption de la vitamine K est compromise elle aussi. Etant donné que les graisses ne sont absorbées qu'en présence de bile dans l'intestin, il en sera de même pour la vitamine K. Ainsi, dans le cas de maladies comme "l'ictère obstructif" ou la "fistule biliaire", affections hépathiques qui annulent la présence de la bile dans l'intestin, on observera l'instauration d'un état d'avitaminose. Ceci se produira également dans le cas de maladies intestinales qui comportent une absorption insuffisante des graisses, comme les colites ulcéreuses, les entérocolites, les tumeurs intestinales, les diarrhées persistantes, etc. Une autre cause d'avitaminose K peut être due aux "antagonistes" de la vitamine. Il existe des substances qui sont en mesure d'inhiber les fonctions biologiques de la vitamine K, c'est-à-dire qu'elles bloquent le fonctionnement de cette vitamine et de ce fait, le sang ne réussit plus à coaguler. Une de ces antivitamines K est le dicoumarol, responsable d'une maladie appelée "trèfle doux" qui frappait autrefois aux Etats-Unis le bétail alimenté avec cette sorte de trèfle. Le syndrome hémorragique frappait tout particulièrement les animaux qui mangeaient le foin mal fermenté de ce trèfle. En fait, le trèfle ne contient pas de dicoumarol, mais de l'hydroxycoumarine qui n'est pas toxique. Cette dernière est transformée en dicoumarol (toxique) grâce à certaines moisissures présentes dans le foin mal fermenté; le dicoumarol ainsi formé agit comme anti-vitamine K et bloque cette dernière. Alors, le foie qui n'est plus stimulé par la vitamine ne réussit pas à produire la prothrombine et de ce fait, la chaîne de réactions qui porte à la coagulation du sang ne s'effectue plus et le bétail alimenté avec ce foin est frappé de graves hémorragies.

Un troisième type d'avitaminose K affecte le nourrisson qui au stade fœtal reçoit peu de vitamine K de sa mère, en raison d'un déficit de la perméabilité du placenta. A sa naissance, l'enfant n'a pas la flore bactérienne intestinale nécessaire et cette carence se poursuit au cours des premiers mois de vie car il ne reçoit aucune vitamine K à travers l'alimentation (le lait n'en contient pratiquement pas). Pour éviter la formation d'éventuelles hémorragies cutanées, viscérales, cérébrales, il est donc opportun d'administrer au nouveau-né de la vitamine K (si possible sous forme de K_3 qui est soluble dans l'eau) qui est particulièrement efficace dans la thérapie de ce syndrome. Quelle que soit son origine, l'avitaminose K est caractérisée par des hémorragies importantes qui peuvent se produire même à la suite d'un traumatisme apparemment insignifiant. Il suffit de penser qu'un poussin souffrant d'une grave avitaminose K est mort d'hémorragie parce qu'on lui avait arraché une plume.

Les hémorragies se manifestent au niveau de la peau, des muqueuses, de l'estomac, de l'intestin et des viscères en général.

Maladies dues à une carence en vitamine K

— Syndrome hémorragique
— Hémorragie chez le nourrisson, en particulier au niveau intracrânien et de muqueuses
— Hémorragie chez l'adulte

TRAITEMENT

Le nourrisson peut donc être sujet à des avitaminoses K. Pour prévenir ce danger, on administrera aux nouveaunés une légère dose de vitamine K dans un but prophylactique: une seule dose de 0,5 à 1 mg par voie intramusculaire.

Pour combattre chez l'adulte des syndromes hémorragiques dus à une faible absorption intestinale ou à des hyperdosages d'anticoagulants (antivitamine K), on administre de la vitamine K à raison de 20-40 mg/jour par voie intramusculaire ou de 30-60 mg/jour par voie orale.

RISQUES ET TOXICITÉ

Tandis que les vitamines K_1 et K_2 ne sont pas toxiques même à doses élevées, la K_3 absorbée de façon massive (jusqu'à 5000 mg) provoque des vomissements et entraîne la présence d'albumine et de porphyrine dans les urines qui prennent dans ce cas une coloration pourpre.

Il semble également qu'un excès de K_3 provoque une destruction des globules rouges du sang.

RÉGIMES

Pour cette vitamine, nous ne suggérons aucun régime. Comme nous l'avons déjà dit, une avitaminose K chez l'homme, due à un déficit d'absorption de cette vitamine, ne peut pratiquement pas s'instaurer, étant donné que la flore bactérienne intestinale pourvoit au besoin de l'homme.

CURIOSITÉS

Oui, c'est vrai, la flore bactérienne intestinale fournit la vitamine K nécessaire à l'homme, mais attention! Si vous êtes contraints de subir une thérapie antibiotique prolongée, il est presque certain que les bactéries intestinales qui sont chargées de la synthétiser seront détruites.

Par conséquent, demandez au médecin qui vous prescrit des traitements à base d'antibiotiques ou de sulfamides, de vous prescrire également de la vitamine K.

Antivitamines

Les antivitamines sont des substances qui bloquent la fonction biologique des vitamines et empêchent toute action de ces dernières. Les substances qui détruisent les vitamines, comme par exemple la thiaminase qui casse en deux la molécule de la vitamine B_1 en la scindant en ses deux composants, ou bien l'eau, l'air et la chaleur qui respectivement dissolvent, hydrolisent et oxydent la vitamine C en altérant sa composition et en la transformant en produits qui ne présentent plus les mêmes fonctions biologiques, ne peuvent être considérées comme des antivitamines.

De même, les antibiotiques qui sont des exterminateurs inexorables de microbes et qui ne font aucune distinction entre ceux qui sont nocifs et ceux qui sont bénéfiques à l'organisme ne sont pas des antivitamines non plus. Parmi ces microbes utiles, il y a justement les bactéries de la flore intestinale qui produisent les vitamines B_2, B_6, B_{12}, K et d'autres encore. Les antibiotiques n'empêchent pas les vitamines d'agir mais éliminent les bactéries qui devraient les produire.

Par contre, "l'avidine", cette protéine contenue dans le blanc d'œuf qui se combine avec la vitamine H (en formant avec elle un composé inactif) et bloque l'activité de cette vitamine ainsi que nous l'avions dit à propos de la biotine, est une antivitamine, et plus précisément, une antivitamine naturelle.

Mis à part cette antivitamine qui forme un composé inactif avec la vitamine dont elle est l'antagoniste, il existe d'autres types d'antivitamines qui agissent dans la structure chimique "par compétition et par analogie".

Voici un exemple très significatif emprunté à l'histoire des antivitamines et qui permettra au lecteur de mieux comprendre ce qui précède. La découverte de la première antivitamine est due au hasard, comme ce fut le cas d'ailleurs pour d'autres découvertes plus importantes (la pénicilline, le D.D.T.). En 1938, divers chercheurs, qui tentaient de soigner des chiens frappés de pellagre, administrèrent aux animaux des produits dont la structure chimique était très semblable à celle de la vitamine PP. Il faut rappeler à ce propos que la vitamine PP est l'acide nicotinique dont la formule chimique est la suivante:

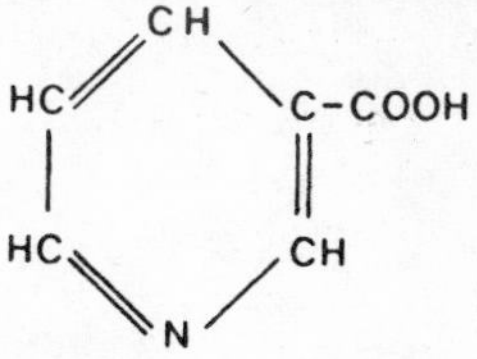

Les produits expérimentés dont la formule chimique était très semblable à celle de la vitamine PP étaient les suivants:

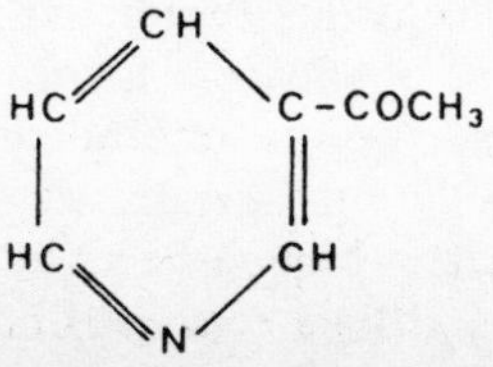

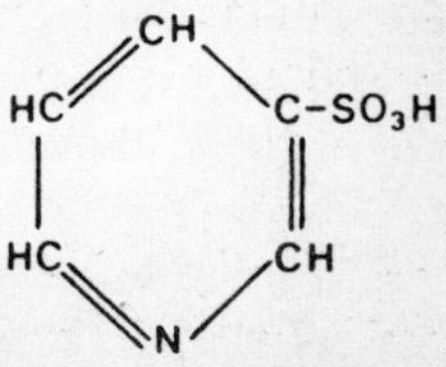

On pensait (ou du moins on espérait) que ces produits dont les caractéristiques chimiques étaient presque semblables à celles de la vitamine PP, présentaient à l'égard de la pellagre des propriétés curatives supérieures ou au moins égales à celles de la vitamine PP. Mais au contraire, l'état des chiens ne fit qu'empirer. Comment expliquer ce phénomène? Les produits dont la structure chimique était presque pareille à celle de l'acide nicotinique étaient en fait des antivitamines antagonistes de cet acide. Mais les chercheurs en question l'ignoraient. Ce n'est que deux ans plus tard, en 1940, que Voods réussit à découvrir et expliquer ce phénomène. Jusqu'alors on ignorait totalement l'existence d'antivitamines! En réalité, Voods ne découvrit pas l'antivitamine à la suite d'expérimentations faites avec l'acide nicotinique et ses produits antagonistes. Il transféra simplement sur ces composés les résultats de sa recherche conduite sur l'acide amino-benzoïque et sur la sulfanilamide. Ces deux produits ont eux aussi une formule chimique très semblable:

acide amino-benzoïque

sulfanilamide

Pour simplifier les choses, nous dirons que l'acide aminobenzoïque est une sorte de vitamine qui favorise la prolifération de certaines bactéries, tandis que la sulfanilamide est un "sulfamide" qui provoque l'effet contraire: il bloque la multiplication de ces bactéries (rappelons à ce propos qu'avant l'invention de la pénicilline, les sulfamides étaient l'unique arme efficace dont nous disposions pour la lutte contre certaines maladies infectieuses).

Voods eut le mérite de formuler une hypothèse qui, basée sur des faits concrets, se révéla ensuite exacte. Il pensa que l'acide amino-benzoïque faisait partie d'un système enzymatique essentiel pour la prolifération de certaines bactéries, mais que la sulfanilamide, ajoutée en quantité suffisante, chassait ce dernier et prenait sa place en bloquant ainsi la prolifération des bactéries. Seule l'adjonction d'acide amino-benzoïque, qui chassait à son tour la sulfanilamide pour reprendre sa place dans le système enzymatique, recréait les conditions de vie nécessaires à la prolifération de ces bactéries.

Voods avait ainsi créé le concept "d'inhibition compétitive" qui se réalisait entre des produits (enzymes, vitamines) ayant une formule chimique semblable comme l'acide amino-benzoïque et la sulfanilamide et comme l'acide nicotinique et les antivitamines PP, expérimentés précédemment sur les chiens affectés de pellagre. C'est donc grâce aux recherches, aux hypothèses et aux expériences de Voods que fut introduit le concept d'"antivitamines" qui ont un rôle important lorsqu'elles sont employées comme agents chimiothérapiques, par exemple contre les tumeurs (voir produits antifoliques).

Mis à part les antivitamines des vitamines H et PP que nous venons de considérer, il existe également les antivitamines des vitamines B_1, B_2, C, E, K, et de l'acide folique. Nous avons jugé inutile de dresser une liste rébarbative des dénominations chimiques (souvent complexes et ennuyeuses) de ces antivitamines; nous nous limitons à souligner que leur formule chimique est très semblable à celle des vitamines correspondantes dont elles entravent la fonction biologique par "antagonisme de compétition et d'analogie structurelle" ainsi que le découvrit Voods.

Se soigner avec les vitamines

La meilleure façon de se soigner avec les vitamines ne consiste pas à avaler des pilules, des gouttes, des cachets, des extraits de vitamines, mais à s'alimenter par un régime varié, sain, complet, et soigneusement dosé.

S'alimenter de façon variée signifie:

— consommer des plats préparés avec des aliments et des produits qui varient chaque jour. Bien entendu, ceci ne veut pas dire qu'il faut changer de menu 365 fois par an, mais signifie qu'il ne faut pas manger chaque jour les mêmes pâtes, le même beefsteak avec de la salade et des fruits choisis au hasard. Il ne sera pas non plus nécessaire de préparer une série de menus qui se répéteront au bout d'une ou de deux semaines car on risquerait de lasser les convives qui, privés du plaisir de la surprise, seraient ainsi obligés de manger du rosbif tous les jeudis, du poisson frit le vendredi, du poulet rôti tous les dimanches et ainsi de suite.

S'alimenter de façon variée et complète signifie:

— profiter de l'ample choix de viandes que nous offre le marché; il n'existe pas uniquement de la viande de bœuf ou de veau, il y a aussi le porc, le cheval, le poulet, le lapin, l'agneau, le chevreau, l'oie, la dinde, le mouton, le canard, les cailles, la pintade, le lièvre, le pigeon, etc.

Quant au bœuf et au veau, il ne faut pas se limiter seulement au beefsteak, car en ce qui concerne le contenu vitaminique (en particulier les vitamine A, B_2, B_6, B_{12}, PP, acide pantothénique, acide folique, biotine), le foie est bien plus riche et préférable; et puis il y a le rognon, la langue, la cervelle.

De même, le poisson est riche en vitamines (en particulier B_2, B_6, B_{12}, PP, D), mais ne choisissez pas seulement le poisson le plus cher comme la daurade, la sole, le rouget, le loup de mer, mais également (et c'est le cas de dire "mais surtout") le poisson moins cher comme le maquereau, la sardine, l'anchois;

— profiter du grand choix de fromages riches en vitamines B_2, A, PP, B_1;

— outre la viande, les poissons, le fromage, utiliser également les œufs, le lait, les saucisses et saucissons, de préférence ceux qui sont peu gras;

— en ce qui concerne les légumes et les salades, ne pas se limiter à la salade, à la chicorée, aux tomates et aux pommes de terre, mais ne pas oublier également qu'il existe les carottes, les épinards, les brocolis, les haricots, les petits pois, les lentilles, les fèves, les choux, les poivrons, les choux-fleurs, les betteraves, les courgettes, les asperges, les concombres, les oignons, les aubergines, les haricots verts, le céleri, les navets, les artichauts, les blettes, etc.;

— en ce qui concerne les fruits, ne pas manger uniquement des poires, des pommes, des oranges, du raisin, des pêches, mais aussi des abricots, des fraises, des melons, des mandarines, des prunes, des kakis, des bananes, des cerises, des figues, des dattes, des noix, des amandes, des noisettes, etc.

S'alimenter sainement et raisonnablement signifie:

— ne pas se nourrir toujours avec les mêmes aliments (par exemple, ne pas manger que du gibier, que des œufs, que de la viande) ni prendre exclusivement un composant des aliments (par exemple ne pas se nourrir uniquement de protéines, c'est-à-dire de viande, de poisson, de fromage, d'œufs, en négligeant les carbohydrates et les graisses, ou bien privilégier les carbohydrates, comme le pain, les pâtes, en négligeant les protéines);
— préférer les légumes frais aux légumes en conserve, les légumes crus aux légumes cuits; la cuisson réduit en général la quantité de vitamines contenue dans les légumes et par conséquent il est conseillé de les cuire le moins possible, dans peu d'eau, si possible à la vapeur en utilisant l'eau de cuisson pour préparer des potages;
— choisir de préférence les légumes et les fruits de saison en évitant les primeurs qui ont moins de saveur, contiennent moins de vitamines et coûtent cher; éviter également les légumes et les fruits conservés longtemps qui présentent les mêmes défauts et les mêmes inconvénients que les primeurs. Par conséquent, achetons les pêches en août lorsqu'elles sont bien mûres, juteuses, parfumées et savoureuses et non pas en juin, lorsqu'elles sont âcres, minuscules, couvertes d'un duvet gris, sans parfum et sans saveur. Mangeons les pastèques en plein été lorsqu'elles sont juteuses, avec une pulpe rosée et douce, et non pas à Noël lorsqu'elles sont pâles, encore un peu âcres et sans aucune saveur.

Par conséquent, si nous nous alimentons avec des régimes variés, sains, complets et équilibrés, nous n'aurons pas besoin d'absorber des suppléments de vitamines sous forme chimique. En résumé, une bonne alimentation équivaut à un traitement préventif contre les maladies ou les troubles causés par l'avitaminose. La meilleure prophylaxie, dirait un médecin, est une bonne alimentation. Reste à voir ce que signifie "bien s'alimenter" et en quoi consiste "une bonne alimentation". En effet, le sens de ces paroles est complètement opposé vu sous l'angle du gourmet, du médecin, du gourmand ou du biologiste, du gros mangeur ou du diététicien. Si le gourmand affirme: "Aujourd'hui j'ai vraiment bien mangé", le médecin répliquera: "A mon avis, vous avez très mal mangé, ou du moins vous vous êtes mal nourri". En effet, pour le gourmand, bien manger signifie manger beaucoup (apéritif, hors-d'œuvre, un plat substantiel avec deux ou trois variétés de légumes qui l'accompagnent, fromage, pâtisserie, fruits, café, liqueur, le tout arrosé d'un demi-litre de vin ou même plus), manger des plats bien assaisonnés et savoureux (plats en sauce avec de la crème fraîche; après l'entrée, il mangera généralement de la viande, rarement crue, mais le plus souvent cuite dans de l'huile ou du beurre; quant aux garnitures, une au moins sera cuite également dans de l'huile ou du beurre – les frites par exemple –; la pâtisserie sera probablement farcie avec de la crème fraîche ou de la crème aux œufs, etc).

Par contre, du point de vue médical, bien manger signifie manger peu (moins de la moitié de ce qui précède) et des plats peu assaisonnés; par exemple: du riz bouilli (10 g de beurre), 100 g de viande grillée accompagnée d'épinards au beurre (encore 10 g de beurre), 200 g de raisin, 100 g de pain, ¼ de litre de vin, pas d'apéritif, pas de hors-d'œuvre ni de fromage, ni de pâtisserie, ni de café, ni de liqueur. Et bien, en considérant que ce repas équivaut à 1250 calories et que celui du gourmet équivaut à 3330 calories, et sachant que le besoin énergétique quotidien pour un homme adulte va de 2400 calories (travaux légers) à 3300 calories (travaux lourds), nous pouvons donner raison au médecin qui répond au gourmand qu'il a "mal mangé". Ce dernier, avec un seul repas, a emmagasiné assez de calories pour vivre un jour et demi sans rien manger. Tandis qu'avec le repas conseillé par le médecin, les 1250 calories absorbées suffisent pour douze heures, c'est-à-dire jusqu'au moment où il sera opportun de prendre un autre repas (un dîner de 1000 cal.) et puis le matin, un petit déjeuner de 150 cal. de façon à arriver aux 2400 calories que l'on consomme en moyenne en une journée.

Arrivés à ce point, il est clair que si nous absorbons moins de 2400 calories par jour, nous finirons par maigrir; si nous en absorbons environ 2400, nous maintiendrons notre poids constant, et si nous en absorbons plus, nous finirons par grossir. C'est ce qui attend notre ami gourmand s'il continue à engloutir des repas de 3300 calories ou s'il ne fait pas une demi-heure de jogging tous les jours (que ce soit l'été ou l'hiver, sous la pluie ou sous le soleil, volontiers ou à contrecœur). Mais probablement ceci ne suffirait pas, puisqu'un homme de 60 kg qui parcourt 7 km à une vitesse de 14 km/h perd tout juste 420 calories qui équivalent à un plat de spaghetti peu assaisonnés.

Maintenant que nous avons vu ce que signifie "bien manger" ou, plutôt "bien s'alimenter", revenons à nos vitamines. Nous disions que la meilleure prophylaxie contre une carence en vitamines est une alimentation équilibrée.

Toutefois, dans les cas où s'instaure une sérieuse déficience en vitamine qui exige une thérapie rapide et intense, l'organisme aura besoin d'un apport supplémentaire de vitamines, dans un but thérapeutique. Comment? Quelles vitamines? Quand? Pourquoi?

Vous trouverez la réponse à ces questions dans les tableaux suivants dans lesquels nous indiquons par ordre alphabétique les maladies et les troubles provoqués par des déficiences vitaminiques ainsi que les thérapies vitaminiques correspondantes.

TABLEAU VI
MALADIES QUE L'ON PEUT SOIGNER
AVEC LES VITAMINES

Maladies (troubles; dysfonctions)	Vitamines (pour soigner ces maladies)	Dosage
Acné	E	400 U.I./jour
	A	25.000 U.I./jour
Amygdalite	A	10.000-25.000 U.I. 2 fois/jour
	C	1000 mg/jour
	E	400 U.I. jusqu'à 3 fois/jour
Anémie hypochrome	B_6	de 100 à 300 mg/jour par voie intramusculaire
Anémie macrocytaire	acide folique	20 mg/jour, voie orale
Anémie pernicieuse	B_{12}	50 µg/jour, intramusculaire
Arthrite	C	1 jusqu'à 3 fois/jour
	Groupe B	100 mg jusqu'à 3 fois/jour
	B_{12}	jusqu'à 2000 µg/jour
	PP	jusqu'à 1 g/jour
	acide panthoté-nique	100 mg 3 fois/jour
	A	10.000 U.I. 3 fois/jour
	D	400 U.I. 3 fois/jour

Maladies (troubles; dysfonctions)	Vitamines (pour soigner ces maladies)	Dosage
Béribéri	B_1	de 10 à 20 mg 2 ou 3 fois/jour
Blessures en général	C	100 mg, 2 fois par jour
	E	1000 U.I./jour
Bronchite	A	25.000 U.I. jusqu'à 3 fois/jour
	C	1 g 2 fois/jour
	E	400 U.I. jusqu'à 3 fois/jour
Brûlures	C	1000 mg 2 fois/jour pour prévenir les infections dues aux brûlures
	E	1000 U.I./jour par voie orale pour prévenir les cicatrices dues aux brûlures
Chéilite	B_2	de 10 à 60 mg/jour, par voie orale, mieux si associée à d'autres vitamines B
	B_6	de 100 à 300 mg/jour par voie intramusculaire
Chute des cheveux	Groupe B	100 mg 2 fois/jour

Maladies (troubles; dysfonctions)	Vitamines (pour soigner ces maladies)	Dosage
Contusion	(voir héma- tome)	
Crampe musculaire	E	400 U.I. 3 fois/jour
Démangeaisons	C	1 ou 2 g 2 fois/jour (comme antihistami- nique)
	Groupe B	100 mg/jour
	E	vit. E en crème, à appliquer sur la zone affectée 3 fois/jour
Démyélinisation des fibres nerveuses de la moelle épinière	B_{12}	50 µg/jour par voie intramusculaire
Dermatite	B_6	jusqu'à 100 mg par voie orale
Dermatite séborrhéique	B_2	de 10 à 60 mg/jour par voie orale, mieux si associée à d'autres vitamines B
Dermatose scrotale et vulvaire	B_2	de 10 à 60 mg/jour par voie orale, mieux si associée à d'autres vitamines B

Maladies (troubles; dysfonctions)	Vitamines (pour soigner ces maladies)	Dosage
Eczéma	biotine	200 µg/jour, normalement associée à d'autres vitamines B
Engelure	C	1000 mg/jour
	E	huile de vit. E appliquée directement sur l'engelure
Fractures des os	D + calcium	400 U.I./jour de vit. D 1000 mg/jour de calcium par voie orale
	C	200 mg/jour (favorise la formation du cal osseux)
Fragilité capillaire	P	100 mg 3 fois par jour
Fumée: pour vaincre l'irritabilité causée par le manque de cigarettes	Groupe B	100 mg 2 fois/jour (avec du tryptophane, 600 mg 3 fois par jour)
Glossite	B_2	de 10 à 60 mg/jour par voie orale, mieux si associée à d'autres vitamines B
	B_6	de 100 à 300 mg/jour par voie intramusculaire

Maladies (troubles; dysfonctions)	Vitamines (pour soigner ces maladies)	Dosage
Grippe: la vit. C est un très bon coadjuvant dans la thérapie des formes grippales	C	1000 mg/jour par voie orale
Hématome, contusion, ecchymose, pétéchie	C	1000 mg/jour
Héméralopie (cécité nocturne)	A	100.000 U.I./jour
Hémorragie gingivale	C	1000 mg 3 fois/jour
Hémorragie chez l'adulte	K	30 mg/jour par voie intramusculaire
Hémorragie du nourrisson	K	1 mg/kg/jour par voie intramusculaire
Hémorroïde	C	1000 mg 2 fois/jour
Infections: pour améliorer la résistance des organismes contre les agents infectieux	A	50.000 U.I./jour
Kératinisation des muqueuses	A	100.000 U.I./jour
Maladies infectieuses en général (en particulier la tuberculose)	C	500 mg/jour par voie intramusculaire (comme coadjuvant)

Maladies (troubles: dysfonctions)	Vitamines (pour soigner ces maladies)	Dosage
Ménopause: pour soulager les malaises dus aux bouffées de chaleur	E Groupe B	400 U.I. jusqu'à 3 fois/jour 600 mg 2 fois/jour
Menstruations	B_6 Groupe B	50 mg 3 fois/jour 100 mg 2 fois/jour
Migraine	PP Groupe B	100 mg 3 fois/jour 100 mg 2 fois/jour
Névrite alcoolique	B_1	de 10 à 20 mg 2 ou 3 fois/jour par voie intraveineuse
Névrite périphérique	B_6	de 100 à 300 mg/jour par voie intramusculaire
Oreillons	A C E	10.000 U.I. jusqu'à 3 fois/jour 1000 mg 2 fois/jour 300 U.I./jour
Ostéomalacie	D	50.000 U.I./jour
Peau sèche	E A C	appliquer sur la peau une huile riche en vitamines de ce type
Pellagre	PP	100 mg 2 ou 3 fois/jour par voie intraveineuse

Maladies (troubles; dysfonctions)	Vitamines (pour soigner ces maladies)	Dosage
Pied d'athlète	C	appliquer la vit. C en poudre directement sur la zone affectée par ce champignon
Piqûres d'insectes	B_1	100 mg 3 fois/jour (chasse les insectes)
	C	1000 mg/jour (contre la réaction de la piqûre)
Piqûres d'orties	E	l'huile de vit. E appliquée sur la zone favorise l'arrêt de la brûlure
	C	1000 mg avec 400-
	E	1000 U.I. de vitamine E contre les démangeaisons
Polynévrite de grossesse	B_1	de 20 à 30 mg 2 fois/jour par voie intraveineuse
Psoriasis: quelques résultats ont été obtenus avec des traitements à base de cette vitamine	Groupe B	100 mg 2 fois/jour
	A	10.000 U.I. 3 fois/jour
	C	1000 mg 2 fois/jour
	E	400 U.I. 2 fois/jour
Rachitisme	D	de 40.000 à 100.000 U.I./jour

Maladies (troubles; dysfonctions)	Vitamines (pour soigner ces maladies)	Dosage
Rhume	C	1000 mg 3 fois/jour
Rhume des foins	Groupe B acide panthoté-nique	100 mg 2 fois/jour
		100 mg 3 fois/jour
	C	500 mg 2 fois/jour
Rougeole	A	10.000 U.I. jusqu'à 3 fois/jour
	C	de 500 à 1000 mg 2 fois/jour
	E	de 200 à 400 U.I. 2 fois/jour
Scorbut	C	de 200 à 2000 mg/ jour par voie intra-musculaire
Scorbut infantile	C	100 mg/jour par voie intramusculaire
Syndrome hémorragique	K	de 20 à 40 mg/jour par voie intramuscu-laire
Syndrome de Leiner	biotine	de 2 à 5 mg/jour par voie orale
Système nerveux: somnolence, convul-sions, troubles men-taux accompagnés d'anémie, de nausées et de vomissements	B_6	de 80 à 100 mg/jour par voie orale

Maladies (troubles; dysfonctions)	Vitamines (pour soigner ces maladies)	Dosage
Système nerveux: troubles mentaux, dépression générale, confusion mentale, apathie, nausée, vomissements, faiblesse, diminution de l'activité	B_1	de 10 à 20 mg 2 fois/jour par voie intraveineuse
Troubles de la digestion dus à des altérations des muqueuses, en particulier du tube digestif	B_{12}	50 µg/jour par voie intramusculaire, mieux si associée à de la vit. B_2 et B_6
Troubles de l'appareil digestif: perte de l'appétit, indigestion, vomissements, diarrhée	PP acide folique	500 mg/jour par voie orale 800 µg jusqu'à 3 fois/jour
Troubles de la peau et des muqueuses causés par des hémorragies cutanées, sous-cutanées, gingivales et de la cavité orale	C	200 mg par voie intramusculaire
Troubles des épythéliums de revêtements et glandulaires	A	50.000 U.I./jour

Maladies (troubles; dysfonctions)	Vitamines (pour soigner ces maladies)	Dosage
Ulcérations des parois intestinales avec diarrhée grasse	acide folique	20 mg/jour par voie orale
Ulcère gastrique et duodénal	C	500 mg/jour par voie intramusculaire
Ulcère en général	A	25.000 U.I. jusqu'à 3 fois/jour
	Groupe B	100 mg 2 fois/jour
	C	1000 mg 2 fois/jour
Varicelle	C	500 mg 3 fois/jour
	E	150 U.I. jusqu'à 3 fois/jour
	A	10.000 U.I./jour
Vascularisation de la cornée	B_2	de 10 à 60 mg/jour par voie orale, mieux si associée à d'autres vitamines B
Veines variqueuses	C	1000 mg 2 fois/jour
	E	500 U.I./jour
Vue: pour la conserver ou l'améliorer	A	10.000 U.I. de 1 à 3 fois/jour
	Groupe B	100 mg 2 fois/jour
	C	500 mg 2 fois/jour
	E	400 U.I. 2 fois/jour
Xérophtalmie	A	100.000 U.I./jour

Maladies (troubles; dysfonctions)	Vitamines (pour soigner ces maladies)	Dosage
Yeux: brûlures, fatigue visuelle, larmoiements, difficultés d'adaptation à la lumière intense	B_2	de 20 à 60 mg/jour par voie orale, mieux si associée à d'autres vitamines du groupe B
Zona	A	10.000-25.000 U.I. jusqu'à 3 fois par jour
	Groupe B	100 mg 2 fois/jour
	C	de 1000 à 2000 mg 2 fois/jour
	D	1000 U.I. jusqu'à 3 fois/jour

Tableaux récapitulatifs

Les tableaux suivants sont un résumé de ce que nous avons traité dans cet ouvrage. Evidemment, il n'est pas possible de schématiser tout ce que nous avons dit, et de ce fait, ces tableaux ne pourront être exhaustifs; cependant ils résument tout ce que l'on peut dire de plus important à propos de chaque vitamine, en particulier le tableau de la page 152.

VITAMINES CONTENUES DANS LES ALIMENTS LES PLUS COURANTS

Aliments et produits	Vitamines présentes
abricots	A - P - ac. folique - C - PP - B_2 - B_1
amandes	PP - B_2 - B_1 - acide folique
anchois	D - PP - B_6 - B_{12} - B_2 - B_1 - A
artichauts	B_1 - PP - A
asperges	C - A - PP - B_1 - B_2
bananes	C - acide folique - PP - A - B_1 - B_2
betteraves	C - A - PP - B_1 - B_2
beurre	A - D - B_2
brocolis	A - B_2 - C - PP - B_1

Aliments et produits	Vitamines présentes
carottes	A - PP - B_1 - B_2 - C
cerises	C - PP - A - B_1 - B_2
cervelle de veau	B_2 - PP - B_1 - C
champignons frais	PP - B_2 - B_1
chicorée	A - K - E - C - PP - B_2 - B_1 - acide pantothénique
choux-fleurs	acide pantothénique - C - PP - B_1 - B_2 - A
choux	C - PP - B_1 - B_2
citrons	C - P - PP - B_1
courgettes	C - PP - B_1 - B_2
dattes	PP - B_1 - B_2
endives	K - E - A - C - PP - B_2 - B_1 - acide pantothénique
épinards	A - C - E - K - acide folique - pantothénique - PP - B_1
farine de blé	PP - B_1 - B_2
farine de maïs	B_1 - A - PP - B_2
figues	PP - B_1 - B_2 - A - C
foie de bœuf	B_2 - A - K - PP - B_{12} - biotine - B_1 - B_6 - C - ac. pantothénique et folique
foie de porc	B_2 - PP - A - B_{12} - biotine - B_1 - B_6 - C - ac. folique et pantothénique
foie de veau	B_2 - PP - A - B_{12} - biotine - acide folique - B_1 - B_6 - acide pantothénique
fraises	C - PP - B_2 - B_1
gruyère	B_2 - A - PP - B_1
haricots	B_1 - B_2 - B_6 - PP - C - A

Aliments et produits	*Vitamines présentes*
jambon cru, saucisson, saucisse	B_1 - B_2 - PP
kakis	A - C - B_1 - B_2
laitue	K - E - PP - C - B_2 - A - B_1 - ac. pantothénique
lait de vache	B_2 - D - acide folique et pantothénique - biotine - PP - A - B_1 - B_6 - C - B_{12}
lard	PP - B_1 - B_2
mandarines	C - P - PP - B_1 - A
maquereaux	D - B_6 - B_{12} - PP - B_2 - B_1 - A
melons	C - A - PP - B_1
morue	D - B_6 - PP - B_2 - B_1
morue sèche	PP - B_2 - B_1
muge	D - B_6 - B_{12} - PP - B_2 - B_1 - A
noix	B_1 - PP - B_2
œuf de poule entier	B_6 - B_{12} - K - acide pantothénique - B_1 - B_2 - acide folique - PP - D - biotine
œuf de poule, jaune	E - B_1 - D - biotine - B_6 - B_{12} - A - B_2
oignons	C - PP
oranges	C - P - ac. folique - PP - B_1 - A - B_2
pain de blé	PP - B_1 - B_2
pain complet	B_1 - B_2 - PP - B_6
pêches	A - C - PP - B_2
petits pois	K - B_1 - B_2 - B_6 - acide folique - C - PP - A
petits poissons de friture	D - PP - B_2 - B_1 - A
poires	C - PP - B_2

Aliments et produits	Vitamines présentes
poivrons	C - P - PP - A - B_1 - B_2
pommes	C - PP - B_1 - B_2
pommes de terre	C - B_6 - acide folique - PP - B_1 - B_2
prunes	C - PP - A - B_1 - B_2
raisin	P - C - PP - B_1 - B_2 - A
riz	PP - B_1 - B_2
sardines	D - B_6 - B_{12} - PP - B_2 - B_1 - A
seiches	PP - B_2 - A - B_1
soles	D - PP - B_2 - B_1 - A
stockfish	PP - B_2 - B_1
thon	D - B_6 - B_{12} - PP - B_2 - B_1 - A
thon à l'huile	D - PP - B_2 - B_1 - A
tomates	C - K - P - acide folique - PP - A - B_1 - B_2
viande d'agneau, de cheval, de lapin	PP - B_1 - B_2
viande de bœuf	B_2 - PP - B_1 - A - B_6
viande de porc	B_1 - PP - B_2
viande de poulet	PP - A - B_2
viande de veau	PP - B_2 - B_1 - A

Les diverses vitamines présentes dans un même produit ont été classées selon la quantité de chaque vitamine contenue dans ce produit.

Par exemple, nous avons dit que les carottes contiennent les vitamines A - PP - B_1 - B_2 - C parce que dans 100 g de carottes nous trouvons respectivement les quantités suivantes: 3000 µg, 700 µg, 60 µg, 40 µg, 6 mg.

Dans le tableau suivant, nous reportons les aliments et les produits qui contiennent une vitamine déterminée, les vitamines étant cette fois-ci reportées par ordre alphabétique; le lecteur le consultera ainsi plus rapidement et sans difficultés.

ALIMENTS ET PRODUITS CONTENANT
UNE VITAMINE DÉTERMINÉE

Vitamines	Aliments et produits qui la contiennent
A	foie de poisson, de bœuf, de veau, de porc, épinards, carottes, levure, beurre, fromages, brocolis, chicorée, courges jaunes, abricots, kakis, pêches, melon, maïs jaune
B_1	levure, son, viande de porc, légumes, pain complet, jaune d'œuf, farine de maïs, arachides, noix
B_2	foie de bœuf, de veau, de porc, fromages, jambon cru, champignons frais, viande, œufs, amandes, poisson, lait, légumes
B_6	levure, farine complète, œufs, foie, poisson, viande, graines d'arachide, de soja, de pommes de terre, épinards, légumes
B_{12}	foie et rognon (surtout crus), poisson, œufs, fromages fermentés
biotine	levure, foie, rognons, jaune d'œuf, lait

Vitamines	Aliments et produits qui la contiennent
C	fruits et légumes frais et en particulier: oranges, citrons, mandarines, tomates, choux, poivrons, pommes de terre, persil, navets, épinards, fraises, melons
D	huile de foie de poisson, poisson de mer, jaune d'œuf, lait et dérivés
E	huile de graines de blé, de maïs, de tournesol, etc., épinards, laitue, feuilles vertes en général, jaune d'œuf
acide folique	graines de maïs, épinards, foie, bananes, amandes, arachides, oranges, tomates, lait, œufs, pommes de terre, abricots
K	feuilles vertes de plantes en général bien exposées au soleil, épinards, choux, tomates, petits pois, foie de bœuf, œufs
P	agrumes (surtout les peaux), poivrons, tomates, raisin, abricots, sarrasin
PP	foie, viandes en général, poissons, riz, pain complet, champignons frais, dattes, pêches, amandes
acide pantothénique	foie et rognons de veau (crus), son de céréales, œuf cru, chou-fleur, légumes verts, pamplemousse, lait

Vitamine	B_1	B_2	B_6
année de sa découverte	1926	1933	1935
solubilité	soluble dans l'eau	soluble dans l'eau	soluble dans l'eau
stabilité	en milieu acide lumière	en milieu acide oxydants chaleur	chaleur
agents destructeurs ou antagonistes	air eau chaleur milieu alcalin	lumière eau milieu alcalin	rayons ultraviolets eau
produits contre-indiqués ou nocifs	alcool caféine acide acétylsalicylique œstrogènes techniques de conservation des aliments	alcool acide borique sel de Epsom	alcool œstrogènes cortisone isoniazide techniques de conservation des aliments
présente en quantités appréciables dans les aliments suivants	son levure viande de porc légumes secs pain complet jaune d'œuf farine de maïs arachides noix	foie de bœuf, porc, veau viande de bœuf poisson jambon cru fromages œufs, lait champignons, légumes amandes	levure farine complète œufs foie poisson viande graines d'arachide, de soja, pommes de terre, légumes

B_{12}	PP	Acide pantothénique	Acide folique
1948	1937	1930/1935	1940
oluble dans eau	soluble dans l'eau	soluble dans l'eau	soluble dans l'eau
	milieu acide et alcalin lumière eau		
umière au ilieu acide t alcalin		chaleur	chaleur eau lumière milieu acide
lcool strogènes	alcool somnifères œstrogènes techniques de conservation des aliments	alcool caféine somnifères techniques de conservation des aliments	alcool acide acétylsali- cylique contraceptifs oraux
ie et rognons rtout crus oisson ufs romages fer- entés	foie viande poisson riz pain complet champignons frais dattes amandes	foie et rognons de veau, surtout crus son de céréales œuf cru chou-fleur légumes verts pamplemousse lait	grains de maïs épinards foie bananes, amandes arachides oranges, to- mates lait, œufs pommes de terre abricots

Vitamine	B₁	B₂	B₆
produite par la flore bactérienne intestinale	oui, mais en quantité absolument insuffisante	oui, mais en quantité limitée	oui, mais en quantité limitée
fonction: ce qu'elle fait et à quoi elle sert	participe aux réactions qui fournissent l'énergie à l'organisme participe à la synthèse des graisses et au métabolisme des protéines	aide à métaboliser les carbohydrates, les protéines et les graisses pour fournir de l'énergie à l'organisme	indispensable pour la synthèse de l'hémoglobine, facilite la production d'anticorps agit dans le métabolisme des acides aminés et des protéines facilite l'absorption de la vitamine B_{12}
besoin quotidien	1,5 mg	1,6 mg	2 mg
signes de carence	manque d'appétit, nausée, vomissements, confusion mentale, ralentissement des battements cardiaques, absence de réflexes	symptômes peu clairs et atypiques comme: asthénie troubles digestifs dépression irritabilité migraines	dermatites autour des yeux et de la bouche inflammation de la langue nausée, vomissements, somnolence anémie

B_{12}	PP	Acide pantothénique	Acide folique
oui		oui	oui
participe à la synthèse de l'ADN et des cellules qui se reproduisent constamment, telles que les globules rouges	favorise le métabolisme des protéines des carbohydrates, des graisses	est nécessaire à la vie des cellules est importante pour la synthèse et la démolition des acides gras, pour la synthèse du cholestérol et de certaines hormones est essentielle pour la transformation des graisses et des sucres en énergie	indispensable pour la reproduction des gènes cellulaires participe à la synthèse de l'acide nucléique
µg	18 mg	15 mg	0,2 mg
troubles de la digestion accompagnés de stomatite et gastrite réduction des globules rouges, altérations du système nerveux (démyélinisation de la moelle épinière)	dermatites très graves avec croûtes sur la peau qui devient rouge foncé langue de couleur rouge foncé déglutition douloureuse vomissements et diarrhée très grave	irritabilité insomnie alternée avec des périodes de somnolence sensation de fatigue	altérations mêmes ulcéreuses des parois internes de l'intestin causant des diarrhées grasses

Vitamine	B_1	B_2	B_6
maladies entraînées par la carence de cette vitamine	béribéri polynévrite de grossesse névrite alcoolique	dermatite séborrhéique glossite - chéilite vascularisation de la cornée dermatose scrotale et vulvaire	dermatite glossite névrite périphérique chéilite anémie hypochrome
thérapie et traitement	carences légères: de 3 à 5 mg 3 fois par jour par voie orale carences graves: de 10 à 20 mg 2 ou 3 fois par jour par voie intraveineuse	de 10 à 60 mg/ jour par voie orale, mieux si associée à d'autres vitamines du groupe B	carences légères: de 40 à 100 mg/jour par voie orale carences graves: de 100 à 300 mg/jour par voie intramusculaire
risques et toxicité à la suite d'hypervitaminoses	aucun risque ni péril	aucun risque ni péril	pratiquement aucun risque
ce que l'on "dit" ou "suppose" à propos de son action	favorise le développement aide la digestion améliore les capacités mentales	favorise le développement et la reproduction rend la peau, les ongles et les cheveux sains est bénéfique pour la vue atténue la fatigue des yeux	aide à prévenir les troubles nerveux et de la peau soulage la nausée réduit les spasmes musculaires, les crampes aux jambes l'engourdissement des mains, certaines névrites périphériques agit comme un diurétique

B_{12}	PP	Acide pantothénique	Acide folique
anémie pernicieuse démyélinisation des fibres nerveuses de la moelle épinière	pellagre	aucune maladie chez l'homme	anémie macrocutaire ulcérations des parois intestinales diarrhée grasse
50 µg par voie intramusculaire ou par voie orale mais associée au suc gastrique	carences légères: 500 mg/jour par voie orale carences graves: 100 mg/jour par voie intraveineuse 2 ou 3 fois/jour	100 mg/jour par voie orale	pour prévenir une déficience d'acide folique: 0,2 mg/jour par voie orale dans les cas graves: 20 mg/jour, par voie orale
aucun risque ni péril	aucun risque ni péril	aucun effet toxique	aucun effet toxique
favorise le développement augmente l'appétit des enfants maintient le système nerveux sain augmente la mémoire, la concentration et l'équilibre	soulage la migraine donne à la peau un aspect plus sain augmente la circulation et réduit la pression artérielle atténue les attaques de diarrhée réduit le cholestérol	favorise la cicatrisation des blessures combat les infections en fabriquant des anticorps réduit l'effet toxique de certains antibiotiques	maintient la peau saine a des propriétés analgésiques favorise l'appétit offre une protection contre les parasites intestinaux et les empoisonnements alimentaires

Vitamine	Biotine	C	P
année de sa découverte	1936	1932	1936
solubilité	soluble dans l'eau	soluble dans l'eau	soluble dans l'eau
stabilité	milieu acide chaleur	milieu acide	
agents destructeurs ou antagonistes	blanc d'œuf cru eau	chaleur eau oxygène lumière	air lumière ·
produits contre-indiqués ou nocifs	alcool œstrogènes techniques de conservation des aliments	cigarettes cortisone techniques de conservation des aliments	
présente en quantités appréciables dans les aliments suivants	levure foie rognons jaune d'œuf lait	fruits et légumes frais, en particulier agrumes, baies de rose, tomates, choux, poivrons, pommes de terre, persil, navets, chou frisé, épinards, fraises, melons	agrumes (surtout la peau) baies de rose, poivrons, tomates, raisin, abricots, sarrasin

A	D	E	K
1912	1922	1922	1929
soluble dans les graisses	soluble dans les graisses	soluble dans les graisses	soluble dans les graisses, mais la K_3 est soluble dans l'eau
	milieu acide milieu alcalin chaleur		
air lumière huile minérale	huile minérale	air chaleur huile minérale fer chlore	milieu alcalin lumière
acides gras poly-insaturés à moins que des anti-oxydants soient présents	cigarettes	techniques de conservation des aliments	
foie de poisson, de bœuf, de veau, de porc, épinards, carottes, beurre, fromage, brocolis, chicorée, courges jaunes, kakis, pêches, abricots, melons, maïs jaune, œuf	huile de foie de poisson poisson de mer jaune d'œuf lait et dérivés	huile de grains de maïs, de blé, de tournesol, etc. épinards laitue feuilles vertes en général jaune d'œuf arachides	feuilles d'herbe "alpha-alpha" et en général, feuilles vertes de plantes bien exposées au soleil épinards choux tomates petits pois foie de bœuf œufs

Vitamine	Biotine	C	P
produite par la flore bactérienne intestinale	oui	non	
fonction: ce qu'elle fait et à quoi elle sert	intervient dans la synthèse des acides gras et des protéines métabolise les carbohydrates, les protéines et les graisses	est importante pour la formation du collagène, des tissus conjonctifs, de la matrice osseuse, de la dentine est nécessaire pour le métabolisme d'acides aminés importants a une action anti-infectieuse et anti-toxique	a des fonctions synergiques avec la vitamine C empêche la destruction de la vitamine C de la part des oxydants permet de résister aux infections
besoin quotidien	200 μg	60-80 mg	50 mg

A	D	E	K
	non, mais l'homme est en mesure de fabriquer de la vit. D_3		oui
contrôle le processus de la vision favorise la nutrition et le développement des tissus en général et des tissus épithéliaux en particulier: intestin, cornée, voies respiratoires	favorise l'absorption intestinale du calcium et du phosphore et leur déposition dans la matrice osseuse pour former des os bien fermes et rigides	se comporte comme un très bon oxydant vis-à-vis des tissus de l'organisme évite le rancissement des graisses animales et végétales protège l'intégrité de la vitamine A en retardant son oxydation	est essentielle pour les processus de coagulation du sang
5000 U.I.	800 U.I. pour les nourrissons 400 U.I. pour les enfants 0 chez l'adulte	5-15 mg	4 mg

Vitamine	Biotine	C	P
signes de carence	dermatite réduction des globules rouges asthénie perte de l'appétit fatigue	dépérissement général hémorragies sous-cutanées altérations gingivales avec ulcérations et perte des dents altérations des os qui deviennent poreux, fragiles, sujets aux fractures troubles cardio-circulatoires graves possibilités d'altérations d'organes importants	
maladies entraînées par la carence de cette vitamine	eczéma syndrome de Leiner (dermatite des nourrissons)	scorbut scorbut infantile	fragilité capillaire
thérapie et traitement	elle est normalement comprise dans les complexes du groupe B; les doses les plus souvent utilisées sont de 25 à 300 µg par jour	pour combattre le scorbut, administrer de 200 à 2000 mg/jour par voie intramusculaire	100 mg, 3 fois par jour

A	D	E	K
difficulté de vision au crépuscule dessèchement et opacité de la cornée à cause d'une inflammation de la conjonctive et d'un épaississement de l'épithélium cornéal kératinisation des muqueuses du nez, de la gorge et des bronches, de la vessie, de l'uretère et du vagin	faiblesse et douleurs généralisées décalcification des os du thorax et du bassin, de la colonne vertébrale, des extrémités les os deviennent mous, pliables et sujets aux déformations et aux fractures spontanées	observés seulement sur certains animaux mais pas chez l'homme: les rats ne peuvent plus procréer, chez les femelles, l'embryon meurt et est réabsorbé, chez le mâle on observe une dégénération du tissu germinatif des testicules qui cause une stérilité définitive	apparition d'hémorragies cutanées, viscérales qui se produisent facilement
xérophtalmie héméralopie kératinisation des muqueuses	rachitisme ostéomalacie	les animaux (pas l'homme) sont frappés d'altérations des fonctions reproductrices, de dystrophie musculaire, d'hémolyse, dues à la fragilité des globules rouges	syndrome hémorragique hémorragies chez le nourrisson hémorragies chez l'adulte
carences légères: 50.000 U.I. carences graves: 100.000 U.I.	carences légères: de 2000 à 4000 U.I./jour pendant 1 ou 2 mois carences graves: de 40.000 à 100.000 U.I. par jour	de 30 à 50 mg/jour	carences légères: de 0,5 à 1 mg par voie intramusculaire carences graves: de 20 à 40 mg/jour par voie intramusculaire

Vitamine	Biotine	C	P
risques et toxicité à la suite d'hypervitaminoses	aucun effet toxique	aucun trouble	aucun effet toxique
ce que l'on "dit" ou "suppose" à propos de son action	atténue les eczémas et les dermatites retarde le grisonnement des cheveux utile dans les traitements contre la calvitie	aide à soigner les anémies et les hémorragies dues à la fragilité capillaire est utilisée dans la thérapie des maladies infectieuses (en particulier TBC) est un coadjuvant de l'ulcère gastrique et duodénal guérit les blessures et les brûlures diminue le taux de cholestérol du sang réduit les effets de certaines substances qui provoquent l'allergie	aide à prévenir et à soigner les hémorragies gingivales aide dans le traitement des œdèmes et des vertiges dus à des maladies de l'oreille interne

A	D	E	K
oui, avec les symptômes suivants: nausée, vomissements, migraine, vision altérée, peau sèche et écaillée, chute des cheveux	oui, avec les symptômes suivants: faiblesse, nausée, vomissements, soif excessive, dépression mentale, dépôt de sels de calcium dans les reins, le cœur, les artères, etc	aucun effet toxique	aucun effet dû à l'emploi de K_1 ou K_2 des doses énormes de K_3 provoquent des vomissements et de l'albumine dans les urines
combat la cécité nocturne et renforce la vue s'oppose aux infections des voies respiratoires conserve sains les épithéliums des tissus et des organes favorise la croissance est bonne pour les cheveux, la peau, les dents	utilise le calcium et le phosphore nécessaires pour former les os et les dents associée à la A et la C favorise la prévention des rhumes aide dans le traitement des conjonctivites favorise l'absorption de la vit. A	fournit de l'oxygène au corps pour donner plus de résistance prévient et dissout les caillots de sang atténue la fatigue accélère la guérison des brûlures baisse la tension artérielle	aide à prévenir les hémorragies internes favorise la coagulation du sang aide à réduire le flux excessif des menstruations

172

*Achevé d'imprimer
en mai 1987
à Milan, Italie, sur les presses
de Lito 3 Arti Grafiche s. r. l.*

*Dépôt légal: mai 1987
Numéro d'éditeur: 1633*